Uwe Hartmann
Offiziersbibliothek I
Deutschland

AF290446

Reihe Offiziersbibliothek im Miles-Verlag
Herausgegeben von Uwe Hartmann

Offiziersbibliothek I

Deutschland

Uwe Hartmann

2020

Carola Hartmann Miles-Verlag

Bibliografische Information der Deutschen Nationalbibliothek
Die Deutsche Nationalbibliothek verzeichnet diese Publikation in der Deutschen Nationalbibliografie; detaillierte bibliografische Daten sind im Internet über www.dnb.de abrufbar.

© 2020 Carola Hartmann Miles-Verlag, Berlin
www.miles-verlag.jimdo.com
email: miles-verlag@t-online.de

Herstellung: Books on Demand, Norderstedt
Bildnachweis: Miles-Verlag, NPS

Alle Rechte, insbesondere das Recht der Vervielfältigung und Verbreitung sowie der Übersetzung, vorbehalten. Kein Teil des Werkes darf in irgendeiner Form (durch Fotokopie, Mikrofilm oder ein anderes Verfahren) ohne schriftliche Genehmigung des Verlages reproduziert oder unter Verwendung elektronischer Systeme gespeichert, verarbeitet, vervielfältigt oder verbreitet werden.

Printed in Germany

ISBN 978-3-96776-008-8

Inhalt

Einleitung

Nun ist es auch in der Bundeswehr soweit. Wie in den US-amerikanischen Streitkräften soll das Lesen von Büchern gefördert werden. Das Deutsche Heer initiierte dazu das Projekt „Literatur im Heer".[1] Der Inspekteur des Heeres unterstreicht damit die Bedeutung des Lesens von längeren Texten für klareres Denken, wertvollere Einsichten und bessere Entscheidungen. Bücher erweitern unseren Horizont, weil ihre Inhalte uns mit etwas konfrontieren, was jenseits unserer eigenen Erfahrung liegt. Oftmals werden darin Dinge ganz anders gedacht als wir es von uns selbst kennen. Wir können uns damit auseinandersetzen und erleben auf diese Weise den Unterschied zwischen Bildung als harter Arbeit an sich selbst und dem bloßen Konsum von Informationen im Sekundentakt oder das Bulimie-Lernen anhand von Powerpoint-Folien. Besonders fruchtbar ist das Lesen von Büchern dann, wenn darüber Diskussionen im beruflichen oder persönlichen Umfeld entstehen.

Die neue Buchreihe „Offiziersbibliothek" möchte dazu einen Beitrag leisten. Unter einem bestimmten Thema sollen für den Offiziersberuf relevante Neuerscheinungen und Klassiker ausgewählt und ausführlich vorgestellt werden. Jede Buchbesprechung zielt darauf ab, den Lesern die Gedankenführung des Autors nahezubringen, Folgerungen für das Führungshandeln in der Bundeswehr aufzuzeigen und darüber Diskussionen anzuregen.

Das Thema der ersten Offiziersbibliothek ist Deutschland. „Wir.Dienen.Deutschland.", so lautet das Motto der Bundeswehr. Dieser Dienst erfordert, dass sich der Offizier mit seinem Land auseinandersetzt – mit dessen Stärken

---

[1] https://www.bundeswehr.de/de/organisation/heer/aktuelles/fesselnde-inspiration-fuer-kommende-aufgaben-164428

und Schwächen, mit seiner Geschichte und Tradition und auch mit krisenhaften Entwicklungen und künftigen Herausforderungen. Daher habe ich für diese Offiziersbibliothek Bücher ausgesucht, die sich mit der Ausrichtung der deutschen Sicherheits- und Verteidigungspolitik auseinandersetzen und dabei auch deren innenpolitische Voraussetzungen herausarbeiten. Themen wie die Rolle der Eliten und die Verantwortung des Bürgers kommen darin genauso zur Sprache wie die Versuchungen und Verführungen durch Populismus, Extremismus und Nationalismus. Wie bei kaum einem anderen Land Europas wird die deutsche Politik durch die europäische Geschichte, durch kollektive Gedächtnisse und historische Narrative beeinflusst. Auch dazu bieten die hier ausgesuchten Bücher reichhaltigen Diskussionsstoff und praktische Hinweise.

Die Buchbesprechungen in dieser Offiziersbibliothek habe ich in der Phase der Pandemie durch das Corona-Virus geschrieben. Der deutsche demokratische Staat überraschte durch Handlungsfähigkeit, die offene und liberale Gesellschaft zeigte weithin Solidarität, Disziplin und kritisches Engagement, die Bundeswehr unterstützte, wo immer nötig und möglich. Bundespräsident Frank-Walter Steinmeier sagte in seiner Ansprache vom 11. April 2020, dass unser Land sich an einer Wegscheide befinde und die Welt nach Bewältigung der Pandemie eine andere sein werde. Wie sie sich entwickelt, das liege auch an uns. Daher ist es hilfreich, sich mit dem Zustand Deutschlands und seiner Rolle in der Welt vor der Pandemie zu beschäftigen und nach unseren Stärken und Schwächen zu fragen – nach Stärken, die wir nutzen können, um die Folgen der Pandemie und künftige Herausforderungen zu bewältigen, und nach Schwächen, die wir beachten und beheben müssen, damit wir bei Wegscheiden nicht den falschen Weg einschlagen.

Monterey/Berlin, im Mai 2020

I   Deutschlands Sicherheitspolitik

Thomas Jäger

Das Ende des amerikanischen Zeitalters. Deutschland und die neue Weltordnung, Zürich 2019

Die deutsche Sicherheitspolitik ist im Umbruch. Die bereits 2014 von dem damaligen Bundespräsidenten Joachim Gauck während der Münchner Sicherheitskonferenz ausgegebene Losung „mehr Verantwortung übernehmen" erfordert nun eine Richtungsentscheidung – nicht nur hinsichtlich der Frage, ob die Bundeswehr häufiger und robuster im Ausland eingesetzt wird, sondern auch, wofür diese Einsätze dienen sollen: Für Weltfrieden und Menschenrechte oder, weniger ambitioniert, für die Erhaltung von NATO und Europäischer Union (EU)? Müssen künftig nationale Interessen stärker in den Vordergrund gerückt werden? Und welche Rolle sollen deutsche Streitkräfte im bereits in voller Fahrt befindlichen globalen Wettbewerb zwischen nuklear bewaffneten Großmächten spielen? Zur Beantwortung dieser Fragen gibt der Essay des Kölner Politikwissenschaftlers Thomas Jäger über das Ende des amerikanischen Zeitalters und deren Folgen für Deutschland hilfreiche Orientierungen.

Der Vorstellung nicht weniger Deutscher, ihr Land könne sich aus den Krisen und Konflikten der ungemütlicheren Welt heraushalten, erteilt der Autor eine klare Absage. Deutschland sei eben keine große Schweiz. Zwar befürchtet auch Thomas Jäger keinen militärischen Großangriff auf Deutschland, wohl aber den „Verlust der Eigenständigkeit der Entwicklung". Ursachen dafür seien eine aggressive Außen- und Wirtschaftspolitik von Russland und China sowie die Instabilitäten in Nordafrika und im Nahen Osten. Deutschlands Selbstverständnis als *soft power*, als

‚sanfte Macht', stoße sich hart an diesen politischen Realitäten. Während Politikwissenschaftler bei der alten Bundesrepublik von ihrer ‚Machtvergessenheit' sprachen, attestiert Thomas Jäger dem heutigen Deutschland eine ‚Machtlosigkeit'. Hinzu komme die Uneinigkeit innerhalb der EU. „Russland und China", so merkt Thomas Jäger süffisant an, „können ihr politisches Glück gerade kaum fassen, denn der Westen hält dem äußeren Druck nicht nur nicht Stand, er unterminiert seine eigene Festigkeit auch von innen."

Gibt es einen Ausweg aus dieser schwierigen Lage? Ja, Thomas Jäger zeigt uns eine plausible Strategie auf, die den Anhängern des Schweizer Modells nicht gefallen dürfte: Deutschland solle, so der Autor, eine Führungsrolle in der EU übernehmen und dafür Frankreich als Sozius, also als Tandempartner auf dem zweiten Sitz, gewinnen. Sodann komme es darauf an, die transatlantischen Beziehungen zu den USA deutlich zu verbessern – auch wenn die Deutschen dafür die wenig geliebte „America first"-Politik des US-amerikanischen Präsidenten Donald Trump tolerieren und sogar unterstützen müssten. Thomas Jägers Begründung dafür ist schonungslos: Die Eigenständigkeit der EU (und damit auch die Führungsrolle Deutschlands) sei ohne Unterstützung durch die USA nicht möglich. Worauf die europäische und die deutsche Politik allerdings bauen könnten, sei das weiterhin starke strategische Interesse der USA an Europa (auch wenn die Rhetorik des derzeit amtierenden Präsidenten dies nicht nahelegt). Europa sei deren Gegenküste, hier hätten die USA ihre leistungsfähigsten und zuverlässigsten Partner und zudem ein großes, wenn auch künftig eher abnehmendes wirtschaftliches Interesse. Klar sei auch, dass Europa aus US-amerikanischer Sicht nicht in den Einflussbereich von Russland oder China fallen dürfe. Genauso wenig könnten US-amerikanische Regierungen eine EU akzeptieren, die mit den USA auf Augenhöhe außen- und sicherheitspolitisch agieren und vielleicht sogar als Konkurrent auftreten könnte. Würden die USA und die EU sowie Deutschland und Frankreich sich auf diese machtpolitische Rollenverteilung einigen, könnte das unweigerliche Ende des amerikanischen Zeitalters nahtlos in ein neues, nunmehr „transatlantisches Zeitalter" übergehen.

Für diesen Ausweg aus einer verzwickten Lage liefert Thomas Jäger eine sehr gut nachvollziehbare Begründung. Fangen wir mit dem Verhältnis zwischen den USA und der EU an. Dieses sei durch Asymmetrie gekennzeichnet. Konkret: Die EU ist von den USA abhängig. Diese Abhängigkeit reiche vom nuklearen Schirm über den Austausch nachrichtendienstlicher Informationen bis zur Sicherheit der Seewege. Zwar könnten die USA ihre Führungsrolle nicht mehr so wahrnehmen wie in der Phase des „unipolaren Moments" nach dem Ende des Kalten Krieges, als sie allein die internationale Ordnung prägten. Sie blieben jedoch weiterhin eine Weltmacht. Gegen deren Willen könnte die EU selbst mit Deutschland als Führungsnation außen- und sicherheitspolitisch kaum etwas bewegen. Als anschauliches Beispiel dafür führt Thomas Jäger die Hilflosigkeit der Europäer bei der Aufrechterhaltung des von den USA einseitig gekündigten Nuklearabkommens mit dem Iran an.

Werfen wir nun einen Blick auf seine Begründung für die alleinige Führungsrolle Deutschlands innerhalb der EU. Für eine gemeinsame Führung seien Deutschland und Frankreich zu unterschiedlich – sowohl in ihrer wirtschaftlichen Stärke als auch in ihrer Außen- und Sicherheitspolitik und weiterhin in ihren Vorstellungen über die Weiterentwicklung der EU. Zudem benötigte die europäische Führungsnation die Unterstützung durch die USA, die angesichts der nicht immer einfachen Beziehungen zwischen Washington und Paris wohl eher Berlin erhalten könnte – zumindest solange unser Land sich nicht den amerikanischen Interessen in Europa entgegenstellt. Aus

Thomas Jägers Analysen ließe sich zudem ein geostrategisches Argument ableiten: Deutschland liegt einfach dichter an dem Raum, der für Machtfragen künftig an Bedeutung gewinnen wird: das sog. Herzland (*heartland*), also das heutige Russland und Zentralasien, das nicht nur über gewaltige Rohstoffvorkommen verfügt, sondern auch China und die EU-Mitgliedsstaaten über Straßen, Schienen und Flüsse verbindet.

Bevor wir uns näher mit möglichen Schlussfolgerungen aus Thomas Jägers Analyse beschäftigen und kritische Fragen stellen, möchte ich die Denkwege, die der Autor einschlägt, herausstellen; denn diese können uns bei der Analyse künftiger sicherheitspolitischer Fragestellungen helfen.

Bestimmend für seinen Essay ist ein ausgeprägtes geopolitisches und strategisches Denken. Dies zeigt sich schon an der Gliederung seines Buches, dessen insgesamt sechs Kapitel Themen wie die Fragmentierung des Westens, die Herausforderungen durch Russland und China sowie die EU und deren politische Führung behandeln. Anschaulich zeigt er auf, wie fehlendes Verständnis für geopolitische Faktoren schwierige außenpolitische Situationen herbeiführen kann. So habe das Assoziierungsabkommen, das die EU mit der Ukraine anstrebte, die geopolitischen Folgen für Russland nicht bedacht und eine russische Gegenreaktion provoziert, auf die Europa nicht vorbereitet war. Auch beging die deutsche Regierung den Fehler, die neue Erdgasverbindung *Northstream II* als rein wirtschaftliches Projekt zu bewerten. Später musste sie sich belehren lassen, dass damit auch geopolitische Faktoren verbunden sind. Angesichts dieser Fehler geht Thomas Jäger recht ausführlich auf das Strategiedefizit in Deutschland ein. Dieses sollte durch Gewissheit über Ziele, durch Realismus bei der Beurteilung der politischen Wirkungen von Mitteln und Wegen sowie durch die gedankliche Vorwegnahme möglichen Gegenhandelns anderer Staaten abgebaut werden.

Die Argumentationsstränge des Essays zeichnen sich zudem durch einen ausgeprägten Realismus aus. Thomas Jäger hebt die divergierenden nationalen Interessen der Staaten hervor, welche die internationale Ordnung nicht mehr versöhnen könne. Großmächte seien bereit, diese ohne Rücksicht auf berechtigte Interessen anderer, sogar befreundeter Staaten durchzusetzen und dabei Gewaltmittel einzusetzen. Dieser zuletzt von Bundespräsident Frank-Walter Steinmeier kritisierte Egoismus ist allerdings nicht nur den USA, Russland oder China eigen. Auch die deutsche Politik zeichnete sich seit den 2000er Jahren durch nationale Interessendurchsetzung ohne Ausgleich mit anderen Staaten aus. Ausführlich geht Thomas Jäger auf Deutschlands politisches Handeln in der EU ein. In Fragen der Fiskal- und Flüchtlingspolitik, so Thomas Jäger, habe Deutschland eigene Interessen durchgesetzt statt zu führen. Auch in der NATO habe Deutschland an „verstörenden Vorgängen" mitgewirkt. Dazu gehörten beispielsweise die deutsche Gegenpolitik zum Irakkrieg 2003 unter Bundeskanzler Gerhard Schröder oder die Enthaltung Deutschlands bei der Libyen-Resolution des VN-Sicherheitsrates 2011 unter Außenminister Guido Westerwelle. Deutschland stand damals an der Seite Russlands und Chinas und nicht seiner Bündnispartner in der NATO.

Realismus zeigt der Essay auch in der Analyse der großen strategischen Player. Die USA und Russland hätten ein Interesse an einer Spaltung der EU, während China sich mit ihr durchaus arrangieren könne. Europa als Kontinent ist für die USA nicht nur Gegenküste, sondern auch Sprungbrett Richtung Osten, wie die Großübung DEFENDER 20 der US-Streitkräfte im Frühjahr 2020 zeigte. Zwar sei das amerikanische Zeitalter frühzeitig an sein Ende gekommen, wozu Fehler der US-Regierungen maßgeblich beigetragen hätten; die Möglichkeit, den Westen zu erhalten und die transatlantischen Beziehungen zu revitalisieren, sei aber weiterhin gegeben. Denn im globalen Systemwettbewerb mit dem auf militärische Eskalationsmacht setzenden russischen Autoritarismus und dem auf Weltherrschaft zielenden chinesischen Technologienationalismus komme es darauf an, dass die USA mit der EU den Westen zusammenhielten. Ihre Partnerschaft sei zwar asymmetrisch, aber eben immer noch eine Partnerschaft. Welche Schlussfolgerungen lassen sich aus dieser Analyse für die deutsche Außen- und Sicherheitspolitik ziehen? Thomas Jäger empfiehlt, stärker geopolitisch und realistisch zu denken und die bisherige werteorientierte, aber wirkungslose Rhetorik hinter sich zu lassen. Künftig müssten sowohl die EU als auch die deutsche Regierung einen Richtungswechsel vollziehen: die transatlantischen Beziehungen sollten revitalisiert und die Führungsfrage in der EU geklärt werden. Wie das im Einzelnen gehen soll und ob Maßnahmen wie beispielsweise der milliardenschwere Kauf US-amerikanischer Rüstungsgüter innenpolitisch durchsetzbar wäre, das lässt Thomas Jäger allerdings offen. Wie Deutschland seinen Nachbarn Frankreich davon überzeugen kann, auf eine Führungsrolle in der EU zu verzichten, bleibt ebenfalls etwas unklar. Frankreich ist im Gegensatz zu Deutschland Atommacht und würde durch die ins Gespräch gebrachte Europäisierung der nuklearen Abschreckung seine Bedeutung in der EU stärken. Dazu trägt sicherlich auch das zunehmende Interesse der EU an Afrika, das Frankreich als seine Einflusszone sieht, bei. Kurzum: Frankreich dazu zu bewegen, Sozius eines von Deutschland gesteuerten Führungstandems in der EU zu sein, gliche einer diplomatischen Meisterleistung. Wahrscheinlicher ist, dass Frankreich wirtschaftliche Unterlegenheit durch militärische Stärke und strategische Kompetenz kompensiert und eine Führung auf Augenhöhe mit Deutschland fordert. Kritisch könnte zudem gefragt werden, ob die Bundesregierung die US-amerikanische Außen- und Sicherheitspolitik, wie sie sich unter Trump herauskristallisiert und wie sie – auch das zeigt Thomas Jäger auf – aus innenpolitischen Gründen in der Ära nach Trump noch bestimmend sein dürfte, öffentlich unterstützen könnte. Hilfreich wären auch Hinweise darauf gewesen, wie wir es schaffen, die Unterstützung der deutschen Bevölkerung für eine neue Außen- und Sicherheitspolitik zu gewinnen. Wie kann die politische Einsicht, dass diplomatische Initiativen ohne glaubwürdige militärische Fähigkeiten letztlich nur „ungedeckte Schecks" sind, in die strategische Kultur von Deutschland und der EU integriert werden? Wie können wir das Bewusstsein fördern, dass innenpolitisches Handeln und gesellschaftspolitische Polarisierungen auch Auswirkungen auf die Gestaltungskraft eines Staates oder einer Staatengemeinschaft nach außen haben? Wie geht das überhaupt im Zeitalter hybrider Bedrohungen, in dem die Menschen subversiver Propaganda und Fehlinformationen von außen ausgesetzt sind?

Kommen wir nun zu möglichen Folgerungen für die Bundeswehr. Zur Förderung strategischen Denkens richtete die damalige Bundesministerin der Verteidigung vor rund zwei Jahren das *German Institut for Defence and Strategic Studies* (GIDS) an der Führungsakademie der Bundeswehr in Hamburg ein. Allerdings konnte es bisher die hohen Erwartungen für die Belebung der sicherheitspolitischen Debatte oder für die Beratung in strategischen Fragen nicht voll erfüllen. Die deutsche General-/Admiralstabsausbildung für hochrangige Führungsfunktionen im BMVg, den Streitkräften und der NATO/EU widmet dem strategischen Denken deutlich mehr Aufmerksamkeit, als dies in der Vergangenheit der Fall war. Damit einher geht ein neues Selbstverständnis militärischer Professionalität. Die Fähigkeit zur Führung von multinationalen und teilstreitkraftübergreifenden Operationen reicht künftig nicht mehr aus. Das militärische Führungspersonal muss vielmehr in der Lage sein, über militärische Handlungsmöglichkeiten hinaus (*courses of action*) strategische Alternativen (*strategic options*) für politische Entscheidungsträger zu erarbeiten. Generale/Admirale und Stabsoffiziere müssen also ihre bisherige Komfortzone einer traditionell und damit zu eng verstandenen Verteidigungspolitik verlassen und in den umkämpften Kategorien einer vernetzten Sicherheitspolitik denken. Dazu gehören neben einer breiten allgemeinen Bildung auch Teamfähigkeit sowie der Mut, über den Zaun in anderen Politikbereichen zu grasen. Schließlich müsste auch eine alte Tugend der Bundeswehr reaktiviert werden – die Integration der Bundeswehr in die Gesellschaft beispielsweise durch die Teilnahme der Soldaten und hier insbesondere ihrer Spitzenführungskräfte an sicherheitspolitischen Debatten.

Die deutschen Streitkräfte müssen sich bei einer Außen- und Sicherheitspolitik, die mehr Verantwortung wahrnehmen will, auf weitere Einsätze einstellen. Dabei dürfte die Anwendung militärischer Gewalt zur Erreichung politischer Ziele eine größere Rolle spielen als dies in der Vergangenheit der Fall war. Kann man mit dem deutschen bzw. kontinentaleuropäischen Weg der Anwendung militärischer Gewalt die Nachbarregion in Nordafrika stabilisieren, um den Migrationsdruck zu lindern und autokratisch geführten Staaten wie Russland oder Türkei die Hebel für die Steuerung dieses Drucks zu entreißen? Um die transatlantischen Beziehungen zu revitalisieren und den US-amerikanischen Führungsanspruch zu akzeptieren, müsste die Bundeswehr verstärkt Aufgaben bei der weltweiten Sicherung der Seewege übernehmen und vielleicht auch die USA bei der Umsetzung ihrer an einer *global power competition* ausgerichteten Nationalen Sicherheitsstrategie unterstützen. Voraussetzung dafür ist die Beantwortung der Frage, welche Rolle konventionelle Streitkräfte künftig im Machtpoker atomar bewaffneter Großmächte spielen.

Für zusätzliche, noch über den Schutz der Ostflanke der NATO hinausgehende Aufgaben wäre die Bundeswehr nur unzureichend vorbereitet. In ihrer letzten Reform wurde sie für Krisenmanagementeinsätze optimiert; Verteidigungsfähigkeiten gegen einen gleichwertigen Gegner traten in den Hintergrund. Bisher hat sie es nicht geschafft, ihre militärischen Fähigkeiten signifikant zu verbessern, obwohl die Verteidigungshaushalte deutlich erhöht wurden. Thomas Jäger merkt zurecht an, dass dies ein Schwäche- und Gefahrenmoment ist. Das Jahr 2032 als Zielmarke für die Wiederherstellung der vollen Einsatzbereitschaft der Bundeswehr erscheint vor dem Hintergrund der Jägerschen Analyse als deutlich zu spät. Zudem ist mittlerweile sehr fraglich, ob infolge der Pandemie durch das Corona-Virus die Bundeswehr die in Aussicht gestellten Finanzmittel tatsächlich erhalten wird und die bisherige Priorisierung ihrer Aufgaben bestehen bleibt.

Thomas Jägers Essay ist ein Meisterwerk der sicherheitspolitischen Analyse. Dass der Autor mutig genug ist, eine in sich schlüssige strategische Option für Deutschland zu entwickeln, ist lobenswert. Andere Optionen, die eine strategische Autonomie der EU fordern, eine Annäherung an Russland oder China suchen oder eine deutsche Sonderrolle in der Mitte Europas anstreben, müssten sich dieser gegenüber hinsichtlich logischer Stringenz und praktischer Umsetzbarkeit bewähren. Seine Kernthese, dass der sicherheitspolitisch halbierte Westen, also die EU ohne die USA, seine demokratische Lebensweise aufgeben müsste, ist ein Weckruf für diejenigen, die sich immer noch Deutschland als eine große Schweiz wünschen.

II   Deutschlands innere Lage

Herfried Münkler und Marina Münkler
Abschied vom Abstieg. Eine Agenda für Deutschland, Berlin 2019

Mit „Abschied vom Abstieg" ist dem Wissenschaftlerehepaar Herfried und Marina Münkler ein großartiges Werk gelungen. Lassen Sie mich gleich die Charakteristika dieses Buches herausstellen: Es ist eine umfassende Analyse der politischen Gesamtlage Deutschlands, die gleichwohl mit vielen interessanten innen- und außenpolitischen Details aufwartet. Dabei greifen die Autoren auf Thesen, die sie in älteren Veröffentlichungen erarbeitet haben, zurück; dennoch überraschen sie den Leser immer wieder mit neuen Schlussfolgerungen. Ihre Argumentationsstränge sind intellektuelle Fundgruben, die mit unterschiedlichen Theorien über die aktuelle Krisenlage Deutschlands reich gefüllt sind. Wie in einem *dialektisch angelegten Dialog* stellen die Autoren verschiedene Erklärungsansätze dar, wägen diese ab und fordern den Leser auf, mitzudenken und eine eigene Meinung zu erarbeiten. Und schließlich ist das Buch ein *Paradebeispiel* dafür, wie die Auseinandersetzung mit geschichtsphilosophischen und sozialwissenschaftlichen Theorien kein schöngeistiger Denksport für die Bewohner von akademischen Elfenbeintürmen ist, sondern praktisch wird, d.h. in konkrete Empfehlungen für Politik und Gesellschaft, letztlich für jeden Einzelnen, mündet.
Die Autoren des Buches wollen Deutschland verändern, indem sie dessen Bürger davon überzeugen, mit Zuversicht die Zukunft zu gestalten. Denn die heute weit verbreiteten Erzählungen von Abstieg und Niedergang – sei es von sozialen Schichten in unserer Gesellschaft oder von Deutschland als Ganzem, von der Europäischen Union oder gar des gesamten Westens – beschleunigten nur das,

18

was sie doch eigentlich zu verhindern vorgeben. Sie sind, so die Autoren, perfekte selbsterfüllende Prophezeiungen (*Selffulfilling Prophecies*).

Herfried und Marina Münkler verfolgen also eine Mission. Sie wollen Deutschland, seine Menschen, seine Gesellschaft und seine Politik zukunftsfähig machen für eine Welt, die ihre alten Ordnungen verloren hat. Grundannahme der Autoren ist, dass unser Land seinen innen- und außenpolitischen Herausforderungen nur dann erfolgreich begegnen kann, wenn erstens die Gesellschaft zusammenhält und zweitens die Politik strategiefähig ist. Gesellschaftlicher Zusammenhalt und politische Strategiefähigkeit seien aufeinander angewiesen und könnten am besten in einer liberalen, aus kompetenten Bürgern bestehenden Demokratie verbessert werden. Aus dieser Grundannahme erschließt sich dem Leser auch die Gliederung des Buches. Es liefert in den ersten beiden Kapiteln eine ausführliche Analyse der deutschen Gesellschaft. Das Phänomen des Populismus und seines Spaltungspotenzials steht hierbei im Vordergrund. Das dritte Kapitel über die unvollendete „Bildungsrepublik Deutschland" befindet sich in die Mitte des Buches und übernimmt damit eine Brückenfunktion für Kapitel vier und fünf. Darin geht es um die Erneuerung der liberalen Demokratie in Deutschland, was wiederum Voraussetzung dafür ist, dass unser Land seine Rolle in der EU und in der Welt findet und nicht zum Spielball anderer Mächte wird. Deutlich zeigt sich hier das Münklersche Credo: Innenpolitik ermöglicht Außenpolitik, und die Bildung kompetenter Bürger ist dabei die verbindende Brücke.

Beginnen wir mit der Staats- und Gesellschaftsanalyse des Wissenschaftlerehepaares. Die Münklers sehen die Demokratie in einer Krise. Vielen Menschen erscheine diese reflektierende, auf Sachargumente und Kompromiss angewiesene Staatsform als zu schwach, um mit den gegenwärtigen und heraufziehenden Krisen und Konflikten umzugehen. Populisten von links und rechts nutzten dies aus. Sie spielten mit der Angst der Menschen, um sie gegen den demokratischen Staat und seine Repräsentanten zu mobilisieren. Angst stärke das Verlangen nach dem „starken Mann" an der Spitze des Staates und führe zur Selbstermächtigung von Gruppen, die beanspruchten, für das gesamte Volk zu sprechen. Dabei knüpften rechte Populisten geschickt an Mythen und Legenden an, die im kollektiven Gedächtnis der Deutschen präsent seien, wie beispielsweise der Untergang des Römischen Reiches aufgrund von Migrationsströmen und dekadenten Eliten, oder die tragischen Helden der deutschen Sagen, die durch Verrat und Betrug ein vorzeitiges, unrühmliches Ende fanden. Auf diese Weise erzeugte Angst, die ihr Antlitz nicht selten in Wut und Zorn zeige, verhindere die Einsicht, dass rechte Populisten kaum konstruktiv zu den Sachdebatten beitrügen oder Probleme wirklich lösen wollten. Deren politische Forderungen gingen nicht über das platte Postulat einer Kehrtwendung hinaus, von der sie behaupteten, sie sei erforderlich, um das Volk zu retten. Hier liege auch ein Unterschied zwischen rechten und linken populistischen Gruppierungen. Während letztere von Abstieg schwadronierten und eine Aufblähung des Sozialstaats verlangten, seien erstere viel radikaler: Sie fordern einen durch Revolten herbeigeführten Systemwechsel. Populistische Narrative träfen auch deshalb auf fruchtbaren Boden, weil die Selbstbehauptungskräfte von Demokratien nach langen Phasen des Friedens und der Wohlfahrt naturgemäß geringer geworden sind. Erschwerend komme hinzu, dass Spaltungsversuche der deutschen Gesellschaft oder der EU insgesamt auch von außen erfolgten. Die USA genauso wie Russland hätten ein Interesse daran, die Handlungsfähigkeit der EU und vor allem Deutschlands als ihrer zentralen Macht zu untergraben.

Die Münklersche Analyse des Populismus bezieht auch Deutschlands Nachbarn mit ein. Dies ist sehr hilfreich, weil sie feine Differenzierungen bei der Suche nach Ursachen ermöglicht. In Deutschland sei der Trend zum Populismus später eingetreten und auch nicht so kräftig ausgeprägt wie beispielsweise in Frankreich oder in den Niederlanden. Dies liege am kollektiven Gedächtnis über den Eroberungs- und Vernichtungskrieg von 1939 bis 1945, weshalb die Deutschen insgesamt weniger anfällig seien für nationalistische Umtriebe. Trotz aller Unterschiede gäbe es allerdings grundsätzliche Gemeinsamkeiten in Europa: Alle Populisten spielten mit der Zukunftsangst der Bürger, mit ihren sozialen, wirtschaftlichen und kulturellen Verlustängsten.

Um eine Gesellschaft schnell fit für die Herausforderungen der Zukunft zu machen, fordern Herfried und Marina Münkler eine große „Integration". Dabei legen sie den Schwerpunkt der von ihnen geforderten Maßnahmen auf die Bildung. Das verwundert zunächst; denn die in den ersten beiden Kapiteln geschilderten Gefahren erscheinen doch als so groß und akut, dass eine kräftigere Medizin zur Heilung des Patienten erforderlich erscheint als die eher homöopathisch daherkommende Bildung. Kann man damit überhaupt kurzfristig Integrationserfolge erzielen? Wohl eher nicht, zumal die beiden Autoren selbst darauf hinweisen, dass auch die Bildung in Deutschland unter der Ansteckung durch das Abstiegsnarrativ leide. Der Eindruck, dass hier ein Politikwissenschaftler und eine Literaturwissenschaftlerin, die beide an Universitäten lehren und forschen, ihr Steckenpferd reiten, ist jedoch fehl am Platze. Denn die Bildung des „kompetenten Bürgers" ist ein Schutzmittel gegen Populismus und gleichzeitig ein Aktivierungsmittel für dessen stärkere Beteiligung in der Innen- und Außenpolitik. Schauen wir uns also an, welche Form von Bildung uns die beiden Wissenschaftler nahelegen.

Wie zuvor bei den Gesellschaftstheorien, so erläutern uns Herfried und Marina Münkler auch für den Bereich der Bildung unterschiedliche Theorien. Dabei gehen sie intensiv auf Wilhelm von Humboldt und sein neuhumanistisches Bildungsideal ein. Für viele ist dieses Bildungsideal noch heute die Begründung für eine gymnasiale Oberstufe, die den Schwerpunkt auf klassische Bildung für eine gesellschaftliche Elite legt. Die Münklers räumen mit diesem verbreiteten Vorurteil auf. Sie weisen nach, dass Wilhelm von Humboldt „Bildung für *alle*" als Voraussetzung für eine daran anschließende fachliche Ausbildung bzw. universitäre Bildung forderte. Er wollte also keine frühzeitige Selektion in einem dreigliedrigen Schulsystem, wie wir es heute noch kennen, sondern einen *allgemeinen* Bildungsgang, den *alle* jungen Menschen vor ihrer Berufswahl durchlaufen. Wilhelm von Humboldt war damit in dem restaurativen Preußen gescheitert, und auch in den beiden Jahrhunderten danach schaffte es die Bildungselite, ihre Exklusivität zu erhalten. Bildung in Deutschland – und die Autoren weisen darauf hin, dass dies während der deutschen Teilung im Westen Deutschlands stärker ausgeprägt war als im Osten – hat also keine integrierende, sondern eher eine separierende Funktion. Dazu passt, dass, so die Münklers, schulische Bildung nicht den Erziehungselan an den Tag lege, der erforderlich wäre, um einem jungen Menschen die „höchste und proportionierlichste Bildung seiner Kräfte zu einem Ganzen" zu ermöglichen. Schulen ginge es primär um Selektion und Verteilung von Chancen, nicht aber um die ganzheitliche Entwicklung einer Person. Um eine individuelle pädagogische Betreuung zu ermöglichen, müsste die Anzahl der Schüler in den Klassen dringend um die Hälfte verkleinert werden. Heute käme erschwerend hinzu, dass Kinder mit Migrationshintergrund aufgrund ihrer unzureichenden Unterrichtung in der deutschen Sprache Gefahr liefen, Schulversager zu werden. Die Kosten entstünden später für unseren Rechts- und Sozialstaat.

Die Reaktivierung des Mottos „Bildung für alle" sei, so die Münklers, die Grundlage für gesamtgesellschaftliche Integration und auch für die Stärkung der liberalen Demokratie. Dafür erarbeiten sie eine Agenda mit zahlreichen Handlungsvorschlägen. Orientierungspunkt ist das Leitbild des „kompetenten Bürgers". Er ist das Gegenstück zum aus Angst und Zorn motivierten Wutbürger, aber auch zu demjenigen, der sich wie der „letzte Mensch" bei Friedrich Nietzsche in sein „kleines Glück" perfekt einrichtet. Kein Wunder also, so ließe sich hinzufügen, dass dieser Typ Mensch sich Deutschland als eine „große Schweiz" wünscht. Kompetent sei der Bürger erst dann, wenn er republikanische Tugenden entwickele, um die Werte der Demokratie zu verwirklichen, wenn er hart an sich arbeite und trotz aller Zweideutigkeit der Moderne mit Zuversicht in die Zukunft handele und dabei jederzeit das Gemeinwohl in den Vordergrund rücke. Er engagiere sich für die Demokratie und die Zivilgesellschaft, indem er Zeit und Kraft für Ämter vor allem in der Kommunalpolitik aufbringe. Hier müssten, so die Münklers, Angebote für eine Beteiligung deutlich erweitert werden.

Zur Erziehung des kompetenten Bürgers seien auch *andere* gesellschaftliche Debatten erforderlich. Politiker und meinungsbildende Eliten müssten das gesamte Meinungsspektrum abbilden, Argumente stärker in den Vordergrund rücken, politische Entscheidungen nachvollziehbarer begründen und das strategische Kalkül dahinter deutlich herausarbeiten. Statt von „alternativlos" zu reden, sollte es darum gehen, verschiedene strategische Optionen aufzuzeigen und die Entscheidung für eine Option zu begründen und politisch zu verantworten. Intellektuelle und Experten trügen zwar keine Verantwortung für politische Entscheidungen, wohl aber für die kritische Korrektur von Politikern, die mit Halbwahrheiten und Fehlinformationen hantierten. Die Münklers nehmen auch ein Thema auf, das in diesem Zusammenhang oftmals vergessen wird: Die Frage, wie eine „Gesellschaft ohne Gott" die Fragen nach dem Sinn des Lebens beantworten und mit Mehrdeutigkeiten und Ungewissheiten umgehen kann. Welche Schlussfolgerungen ziehen Menschen daraus, wenn alles auch immer ganz anders kommen kann oder hätte kommen können? Oder wenn ihr Streben nach dem „Lüstchen", also beispielsweise das Shoppen in einer Einkaufshalle oder der Espresso beim Italiener um die Ecke, nicht mehr möglich ist? In Zeiten der Corona-Pandemie drängen sich diese Fragen mit aller Macht auf.

Mit dieser so gestärkten Gesellschaft und Staatsform könne Deutschland seine außen- und sicherheitspolitischen Herausforderungen selbstbewusst angehen. Diese sind – auch das ist ein gängiges Narrativ, dem die Münklers jedoch voll zustimmen – gewaltig. Europa und der gesamte Westen mit ihren Leitwerten von Demokratie, Rechtsstaatlichkeit und individueller Freiheit sind ebenfalls Abstiegsängsten ausgesetzt. Die NATO und die EU als die wohl wichtigsten Institutionen des Westens litten unter auseinanderdriftenden Kräften, die durch Interventionen von außen verstärkt würden. Es sei nicht zu erwarten, dass die USA ihre angestammte Führungsrolle in der Welt weiterhin ausüben könnten und wollten. Die Europäer hätten allerdings selbst zum Rückzug der USA beigetragen, indem sie die bereits von US-Präsident Barack Obama im Zuge des *Pivot to Asia* erhobenen Forderungen nach besserer Lastenteilung nicht ernstnahmen. Stattdessen bauten sie ihre militärischen Fähigkeiten noch weiter ab. Damit konnte der Krisengürtel von Nordafrika bis zum Nahen und Mittleren Osten nicht mehr durch eine westliche Ordnungsmacht abgedeckt werden. Zwar führte die russische Aggression in der Ukraine zu stärkeren Rüstungsanstrengungen bei mehreren NATO-Mitgliedsstaaten, doch halten es Herfried und Marina Münkler längst nicht für ausgemacht, dass in rund zehn Jahren, wenn die Streitkräfte der NATO-Mitgliedsstaaten wieder voll einsatzbereit sind, Russland das Hauptproblem sein werde. Die Herausforderungen würden wohl mehr im Süden liegen. Allerdings sei unklar, welche Strategie Russland verfolgen wird. Putin stehe vor zwei unterschiedlichen strategischen Zielen, die nicht einfach unter einen Hut zu bringen sind: Strebt er den Abzug der US-Streitkräfte aus Europa an, müsste er die Eigenständigkeit der EU fördern, die Kohäsion der NATO schwächen und vor allem darauf verzichten, Nachbarn wie die baltischen Staaten und Polen zu bedrohen und diese in die Arme der USA zu treiben. Ist er mehr an einer Schwächung der EU interessiert, muss er hinnehmen, dass die US-Streitkräfte weiterhin in Europa verbleiben.

Insgesamt gehen Herfried und Marina Münkler von der Herausbildung einer multipolaren Welt aus. Die USA zögen sich zurück, und keiner der möglichen Kandidaten für die Weltherrschaft würde es wagen, nach dieser zu greifen. Zu groß seien die Gefahren einer Überdehnung. Russland in der Staatsform der Sowjetunion habe dies am eigenen Leibe erfahren; China kenne seine Grenzen. Nur die EU hätte völlig überzogene Ambitionen gehabt und eine globale Rolle angestrebt, die sie allerdings niemals ausfüllen konnte. Die Szenare für die zukünftige Entwicklung der EU weisen allesamt nicht auf eine größere weltpolitische Rolle hin. Es bestünde vielmehr die Gefahr eines Stillstands und sogar eines Zerfalls. Dies stelle insbesondere Deutschland vor Probleme. Deutschland habe ein großes Interesse an der Erhaltung der EU, sei jedoch als „verwundbarer Hegemon" unsicher in seiner Führung. Zu stark sei die Angst, dass deutsche Führung zu einer Koalitionsbildung opponierender EU-Mitglieder gegen Deutschland führen könnte.

Es gibt also einiges zu tun, und die Münklersche Agenda für Deutschland zeigt vielfältige Handlungsoptionen auf. Im Folgenden wollen wir danach fragen, inwiefern die Bundeswehr und ihre Angehörigen einen Beitrag dazu leisten können. Übertragen wir dazu Analyse und Agenda der beiden Autoren auf die Bundeswehr.

Auch die Soldaten der Bundeswehr leiden unter Abstiegserfahrungen und sind allzu leicht Opfer populistischer Verführungen. Die von vielen als unzureichend wahrgenommene Wertschätzung ihres Dienstes insbesondere in den Auslandseinsätzen sowie die täglich erlebbaren Erschwernisse aufgrund der mangelhaften Einsatzbereitschaft vor allem beim Großgerät ermöglichen es der Partei „Alternative für Deutschland" (AfD), mit verteidigungspolitischen Positionen, die wie von einer Wunschliste der Soldaten daherkommen, Sympathisanten und Anhänger in Uniform zu finden – bis hin zu Soldaten, die von Revolten und Putschen träumen oder diese sogar vorbereiten. Historiker wie beispielsweise Klaus Naumann und Donald Abenheim weisen in ihren Analysen nach, dass die verteidigungspolitischen Positionen der AfD den Wünschen der Wutbürger genügen sollen, der Regierung einen „Denkzettel" zu verpassen. Keiner der Vorschläge, sei es die Schaffung eines Generalstabs oder die Übernahme einer militärischen Führungsrolle in Europa, würde auch nur eins der Probleme der Bundeswehr lösen. Gleichzeitig geben beide Historiker ein gutes Beispiel für die kritische Auseinandersetzung mit der AfD: mit sachlichen Argumenten und ohne Herabwürdigung derjenigen, die sich von den populistischen Positionen der AfD angezogen fühlen.
Um die Widerstandskraft von Soldaten zu erhöhen, ist eine umfassende Bildung das beste Mittel der Wahl. Und hier offenbart der Blick auf die Bundeswehr ähnliche Probleme, wie sie Herfried und Marina Münkler für die „unvollendete Bildungsrepublik Deutschland" diagnostiziert haben: Das Bildungsverständnis der Bundeswehr heute ist maßgeblich geprägt durch die Innere Führung, die allerdings – ähnlich wie es bei Wilhelm von Humboldts Bildungstheorie der Fall ist – nicht mehr richtig verstanden wird. Ursprünglich war die Innere Führung einmal eine Bildung für *alle* – für alle Soldaten, unabhängig von ihrem Dienstgrad. Und sie war ausgerichtet auf den Staatsbürger

im Soldaten, also auf seine Verantwortung für das Gemeinwohl und seine republikanischen Tugenden. Davon ist heute nicht mehr viel zu spüren. Nicht nur jahrzehntelange Technologisierung und Bürokratisierung und neuerdings auch die starke Ausrichtung auf Managementmethoden haben zu ihrem Verfall beigetragen, sondern auch fundamentale Missverständnisse. Viele halten die Innere Führung für eine bloße Anleitung zur Menschenführung, die nur für Vorgesetzte relevant sei. In gewisser Weise scheint das dreigliedrige Schulsystem, das sich in den Laufbahngruppen der Mannschaften (Hauptschule), Unteroffiziere (Realschule) und Offiziere (Gymnasium) widerspiegelt, auch auf die Innere Führung übertragen zu werden: Viele sehen sie als eine Art „höhere Bildung" für Offiziere (vor allem jüngere Offiziere) und eben nicht für alle. Erschwerend kommt hinzu, dass der von Herfried und Marina Münkler bemängelte Verlust der Erziehung auch in der Bundeswehr seit den 1980er Jahren Realität geworden ist. Die Aufgabe von Vorgesetzten, den Dienst so zu gestalten, dass der Soldat seine Persönlichkeit als Staatsbürger in Uniform und gleichzeitig als Kämpfer entwickeln kann, ist einer auf Dienstposten zugeschnittenen fachlichen Funktionalität gewichen. Kurzum: Ausbildung dominiert; Bildung ist beschränkt auf Offiziere; sie bleibt aber seltsam abgetrennt von ihren erzieherischen Aufgaben. Wie in der Bildungsrepublik Deutschland, so kommt es also auch in der Bundeswehr nunmehr darauf an, den Menschen gezielt bessere Entwicklungschancen einzuräumen und einen ganzheitlichen Bildungsanspruch aus dem Geist der Inneren Führung neu zu formulieren, der im Übrigen auf die Bildungstradition der preußischen Reformer zurückgreifen kann.

Wie die Staatserzählung über das demokratische Deutschland, so sollte auch das Narrativ der Inneren Führung dringend wiederbelebt werden. Die soldatische Ableitung des „kompetenten Bürgers" ist der „Staatsbürger in Uniform". Diesen gilt es zu stärken, oder, wie Donald Abenheim es im Titel eines Buches forderte, erst einmal zu „retten". Wie die Bildungsrepublik Deutschland, so steht auch die Bundeswehr vor einer umfassenden Integrationsaufgabe: Es geht um Teilhabe an Politik und Gesellschaft, um die Nutzung der Beteiligungsmöglichkeiten innerhalb der Bundeswehr und gleichzeitig und wahrscheinlich noch viel mehr um die Integration von Minderheiten und die Reintegration derjenigen, die sich bereits gedanklich auf die Verführungen des Rechtspopulismus eingelassen haben. Diese Aufgabe ist gewaltig, für die Bundeswehr jedoch machbar. Denn sie kann stolz auf eine Erfolgsgeschichte der Integration zurückblicken: Bei der Zusammenführung von 40.000 ehemaligen Wehrmachtssoldaten und Millionen von Wehrpflichten während des Aufbaus deutscher Streitkräfte in den 1950er und 1960er Jahren sowie bei der Eingliederung von ehemaligen Angehörigen der Nationalen Volksarmee in die Armee der Einheit in den 1990er Jahren. Auch für den Dienst deutscher Soldaten in bi- und multinationalen Verbänden und Hauptquartieren steht die Innere Führung hilfreich zur Seite. Wenn es gelingt, ihr Leitbild des Staatsbürgers in Uniform sowie ihren Bildungsanspruch für *alle* stärker in der Bundeswehr zu verankern, dann besteht die berechtigte Aussicht, dass die Soldaten auch einen Beitrag zur Revitalisierung der Demokratie in Deutschland leisten. Damit würden sie auch die außenpolitische Handlungsfähigkeit unseres Landes verbessern.

Kommen wir abschließend zu Deutschlands Außenpolitik. Die Bundeswehr ist nicht nur deshalb wichtig, weil ihre seit 2015 verbesserte finanzielle Ausstattung den Zusammenhalt in der NATO erhöht und damit auch die transatlantischen Beziehungen stärkt. Sie ist darüber hinaus ein wichtiges Instrument, um Europa außenpolitisch handlungsfähiger zu machen und seine politische Integration voranzubringen. Es kommt nun darauf an, tatsächliche militärische Fähigkeiten zu schaffen. Damit kommen wir zu der Frage, wofür diese dienen sollen. Geht es primär um eine glaubwürdige eigene Position gegenüber Russland oder doch mehr um die instabile Nachbarschaft Europas im Süden? Oder um ganz andere Regionen beispielsweise im Hohen Norden der Arktis oder im südchinesischen Meer? Die NATO ist sich darüber nicht einig und löst dieses Problem nicht wirklich, wenn sie von einem 360 Grad Rundumansatz spricht und die Erstellung eines neuen strategischen Konzeptes auf die lange Bank schiebt. Für die Rüstungsplaner der Bundeswehr stellt sich die Frage schon heute. Eine Antwort darauf ist nicht einfach. Eins dürfte indessen deutlich geworden sein: Diese Frage sollte nicht ohne Beteiligung des „kompetenten Bürgers (in Uniform)" beantwortet werden.

Jochen Bittner
Zur Sache, Deutschland! Was die zerstrittene Republik wieder eint, Hamburg 2019

Kommen wir gleich zur Sache, wie es der Autor von uns verlangt: Jochen Bittner, bekannter Journalist der Wochenzeitung „Die Zeit" und gern gesehener Moderator von Podiumsdiskussionen, legt eine schonungslose Analyse der deutschen Politik und Gesellschaft vor. Seine Kernthese lautet: Deutschland ist aufgrund vielfältiger innenpolitischer Probleme nicht gut genug aufgestellt, um in einer raueren Welt zu bestehen. Diese Schwächephase kommt zu einem ungünstigen Zeitpunkt; denn außen- und sicherheitspolitisch hat es unser Land gegenwärtig mit einem Russland, das auf das Recht des Stärkeren setzt, und einem China, das eine globale Technologieführerschaft anstrebt, zu tun. Zudem zeichnen sich auf unserem Nachbarkontinent Afrika demographische Entwicklungen ab, die dort zu Staatsversagen, Kriegen und Migration mit dramatischen Folgen für Europa führen könnten. Es gibt also einiges zu tun. Packen wir es an, so ließe sich schlussfolgern, oder, wie Jochen Bittner es nennt, „*ent*pört Euch", denn die gegenwärtig grassierende „Dauer-Empörung" vergifte das politische Klima in Deutschland.

Damit weist der Autor uns gleich auf den ersten Seiten seines Buches darauf hin, wo Ursachen für die gegenwärtige Schwäche Deutschlands liegen: Sie erwachsen aus der Art und Weise, wie wir in Politik und Gesellschaft miteinander umgehen. Wir selbst vergifteten die Themen, über die wir inhaltlich miteinander ringen müssten, um gute Lösungen zu finden. Statt nach Konsens zu suchen, seien wir auf Krawall gebürstet. Statt Themen sachlich auszudiskutieren, neigten wir zu einem frühen Abstempeln von Andersdenkenden. Moral und Empörung ersetzten Sachlichkeit und konstruktive Kritik. Dies führe zu Lagerbildung und Gruppenidentitäten. Die Menschen fragten nun nicht mehr, was sie für ihr Land tun könnten, sondern was das Land ihnen aufgrund ihrer spezifischen Identität schulde. Nationale Identitäten und Interessen treten genauso in den Hintergrund wie demokratisches Selbstverständnis und am Gemeinwohl orientiertes Verantwortungsbewusstsein. Jochen Bittner spricht sogar von einer „Bürgerkriegsmentalität“, die übermächtig zu werden drohe und vielleicht sogar einmal in einen solchen führen könnte. Damit hätten wir dann endgültig Weimarer Verhältnisse. „Bonn ist nicht Weimar“, schrieb der Schweizer Fritz René Allemann in den 50er Jahren des letzten Jahrhunderts. Aber vielleicht ist die Berliner Republik doch schon weiter auf dem Weg dorthin gekommen als wir es glauben.

Künftig müsse es darum gehen, so Jochen Bittner, die Republik zu einen. Dazu schlägt er eine *andere* Debatte vor. Liegt hier der zentrale Hebel, den wir ansetzen müssen, um die Handlungsfähigkeit unseres Landes zu verbessern? Doch bevor wir dies näher diskutieren, wollen wir auf den Inhalt von Jochen Bittners Plädoyer näher eingehen.

Wie begründet der Journalist seine Diagnose, wonach sich die Berliner Republik in einer ernsthaften Krise befinde? Im Unterschied zu anderen Büchern, die sich mit Deutschlands aktueller Lage beschäftigen, schaut Jochen Bittner auf die Menschen in unserem Land und die Herausforderungen, vor denen sie stehen. Was wurde den Menschen seit 1989 nicht alles zugemutet: Es gab enorme Modernisierungsschübe aufgrund von Globalisierung, europäischer Integration und globaler Systemkonkurrenz. Gleichzeitig fanden Ereignisse statt, die als hoch unwahrscheinlich eingestuft waren und, als sie dennoch eintraten, die Menschen schockierten (sog. *Black Swans*). Dazu gehörten Terroranschläge, Finanzkrisen und Massenmigrationen. Wenig erfolgreiche staatliche Maßnahmen wie beispielsweise die militärischen Einsätze in Krisenregionen verstärkten die

Wahrnehmung, dass demokratische Staaten das heraufziehende Chaos in der Welt nicht mehr beherrschen könnten. Das Gefühl, Gegenwart und Zukunft seien unsicherer geworden, hinge, so der Autor, auch damit zusammen, dass viele Menschen nicht über die individuelle Widerstandsfähigkeit verfügten, mit dem Unvorhergesehenen umzugehen. Denn die ungerechte Verteilung von Ressourcen in dem an sich reichen Deutschland habe dazu geführt, dass fast 30% der Deutschen ungeplante Ausgaben von 985 Euro nicht stemmen könnten. Es passe, so lautet Bittners Analyse, schlecht zusammen, mehr Veränderungsbereitschaft und Widerstandskraft zu fordern, ohne dafür die materiellen und geistigen Reserven zur Verfügung zu stellen. Nicht wenige Bürger unseres Landes zögen daraus die Konsequenz, der Politik genauso wie den Eliten das Vertrauen zu entziehen.

Es kommt damit zu einer Politisierung von unten, die allerdings auf für die Demokratie gefährliche Bahnen geraten ist: Die Menschen vertrauten immer mehr ihren Bauchgefühlen und den einfachen Lösungsangeboten von Populisten, um der Komplexität gesellschaftspolitischer Herausforderungen auszuweichen. Dahinter steckt nicht zuletzt der Wunsch, es den Regierenden einmal zu zeigen. Diese Denkzettelpolitik führe zu Trotz, aber auch zu Frust. Sie münde in Freund-Feind-Denken, emotionale Ausgrenzungen und schließlich in eine gegen die Demokratie und ihre Institutionen und Repräsentanten gerichtete Zerstörungswut. Jochen Bittner beschreibt dieses Phänomen mit einer seine gesamte Schrift auszeichnenden rhetorischen Eleganz: „Zerstörung und Abriss sind die schnellste und billigste Art von Opposition, und Schadenfreude ist ihr Antrieb.“

Bei der Lektüre von Jochen Bittners Lagebeschreibung mag mancher Leser den Eindruck bekommen, dass dieser Hang zu Zerstörungswut und Denkzettelpolitik durchaus verständlich ist. Für den gefährdeten Zustand unseres

Landes macht der Autor vor allem Politik und Medien verantwortlich. Er liefert auch die Medizin mit, um dem Patienten Deutschland zu helfen. Statt mit „Rhetorik auf Populistenniveau" zu reagieren, sollten Politiker vielmehr fragen, was so viele Wähler enttäuscht und sie von der politischen Mitte entfremdet hat. In ihren öffentlichen Statements müssten sie Inhalte und Problemlösungen in den Mittelpunkt stellen. Vor allem sollten sie vermeiden, bestimmte gesellschaftliche Gruppierungen auszugrenzen oder nicht wertzuschätzen. Denn was macht es mit jungen Menschen, die sich als Lagerarbeiter oder Fahrer für einen Lieferdienst mehr schlecht als recht über Wasser halten, wenn Politiker argumentieren, Migranten würden als Facharbeiter benötigt? Was passiert in der Psyche von Menschen, die sich seit Langem benachteiligt und vernachlässigt fühlen, wenn Staat und Gesellschaft für die Aufnahme und Integration von Flüchtlingen schnell enorme Ressourcen zur Verfügung stellen? Kein Wunder also, wenn Menschen Regierungshandeln als ungerecht und wenig solidarisch beurteilen. Ein Hauptübel sieht Jochen Bittner darin, dass die Politik nicht zur Selbstkritik bereit und Medien nicht die kritischen Fragen der Menschen in den öffentlichen Raum tragen. Politiker und Journalisten seien seltsam abgekoppelt von den Zukunftssorgen vieler Menschen. Während sich die „Eliten aller Länder" global vereinigten, zögen sich die Abgehängten und Vernachlässigten verbittert in ihre kleine Welt zurück.

Wie konnte es zu dieser Frontenbildung kommen? Eine Ursache sei, so Jochen Bittner, dass die Eliten in der Euphorie der Zeitenwende von 1989 zu sehr an den Sieg der Demokratie glaubten. Die lange Geschichte von zwischenstaatlichen Kriegen und ideologischen Konfrontationen sei endgültig an ihr Ende gelangt. Den Schutz der Demokratie hielten viele nun nicht mehr für erforderlich, so Jochen Bittner: „Die Selbstgerechtigkeit über den Triumph der liberalen Demokratie lähmte die Wachsamkeit über ihre

Fundamente." Kein Wunder also, dass der Bürger aus seinen bisherigen staatsbürgerlichen Verpflichtungen entlassen wurde. Sinnbild dafür ist, so ließe sich Jochen Bittners Argumentation ergänzen, die ohne Sachdebatte vollzogene Aussetzung der Wehrpflicht im Jahre 2011. Weiterhin – und dies macht wohl den Unterschied zur Debatte über die atomare Nachrüstung der NATO in den 1980er Jahren aus – hätten auch die neuen sozialen Medien zur innergesellschaftlichen Härte und Ausgrenzung beigetragen. Am Beispiel der „Dauerdebattenmaschine Twitter" stellt Jochen Bittner dar, wie sich unsere Kommunikationsweisen verändert haben: Emotionalität dominiere, weil Rationalität in Bildern und mit kurzen Texten kaum zu vermitteln sei und jene auch mehr Aufmerksamkeit im Netz garantiere. Wie bei einem Tribunal könne sich jeder zum Richter über andere aufspielen, ohne dazu legitimiert zu sein oder sich persönlich verantworten zu müssen. Da die selbsternannten Richter inkognito bleiben könnten, fielen ihre Urteile oftmals vernichtend aus. Wenn sich Bürger daran gewöhnten, ohne Rücksicht auf Zusammenhänge und ohne Prüfung der Fakten zu urteilen, nähmen Einstellungen überhand, die mit Demokratie und Rechtstaatlichkeit nicht kompatibel seien und ein Freund-Feind-Denken mit hoher Emotionalität und brutaler Ausgrenzung förderten. Auf diese Weise entstünde eine neue Klassengesellschaft in Deutschland, in der nicht nur materielles, sondern auch kulturelles Kapital ungleich verteilt sei. Zu Recht weist Jochen Bittner darauf hin, dass die sozialen Medien eigentlich weder sozial sind noch vermitteln.

Was kann die zerstrittene Berliner Republik wieder einen? Jochen Bittner konzentriert seine Vorschläge auf eine *andere* Debattenkultur über die toxischen Themen, die uns entzweien. Wie wir Argumente zurechtrücken, Hintergrundwissen liefern, politische Narrative entlarven und neue Lösungen finden, das zeigt uns der Autor am Beispiel von Themen wie Migration, Islam, Leitkultur, Heimat und

Feminismus. Er schlägt Lösungen vor, die sicherlich nicht alle gut finden, die sich jedoch gegenüber den emotional verhärteten Gruppenlösungen in den verschiedenen Lagern durch intellektuelle Widerspruchsfreiheit und problemorientierte Praktikabilität auszeichnen. Nehmen wir als Beispiel das mit großem Spaltungspotenzial aufgeladene Thema des Patriotismus. Worauf dürfen Deutsche stolz, was könnten Inhalte ihres Patriotismus sein? Zu Recht weist Jochen Bittner darauf hin, dass die schon immer gegebene Diversität unseres Landes Tugenden wie Versöhnungs- und Kompromissbereitschaft sowie Diplomatie und Einfühlungsvermögen forderten und förderten. Heute wissen wir auch, dass Frieden in Europa von den Deutschen einen *aufgeklärten* Patriotismus verlangt, eine Vaterlandsliebe, die um die Gefahren von Nationalismus weiß und für die „…eine gedeihliche Zukunft mit … Nachbarn wichtiger ist als ein stolzer Rückblick in die Vergangenheit."

Liegt also in der Art und Weise, wie wir diskutieren, der Hebel, den wir ansetzen müssen, um die Handlungsfähigkeit unseres Landes zu verbessern? Ist die Lösung unserer politischen Schwächephase so fundamental und trotzdem in gewisser Weise geradezu banal? Wäre es nicht wichtiger, die Strategiefähigkeit unseres Staates und seiner Institutionen zu verbessern? Tatsächlich hat Jochen Bittner Recht. Nicht nur deshalb, weil wir seit Paul Watzlawik wissen, dass wir nicht nicht kommunizieren können. Oder weil uns Jürgen Habermas gezeigt hat, wie Gesellschaften durch Diskursethik vorangebracht werden können. Strategiefähigkeit kann nicht ohne die Menschen, ohne eine gesellschaftliche Debatte und ohne sozialen Zusammenhalt verbessert werden. Wer die Handlungsfähigkeit unseres Staates in einer Welt in Unordnung steigern will, kommt an der Verbesserung der kommunikativen Kompetenz nicht vorbei. Hier liegt der Anfang jeder Problemlösung.

Gerade deshalb ist Jochen Bittners Schrift heute so wichtig.

Damit kommen wir nun zu der Frage, wer die Hebel bedienen muss. Keine Frage, dies ist eine staatsbürgerliche Pflicht für jeden Einzelnen. Manche tragen jedoch mehr Verantwortung auf ihren Schultern als andere. Jochen Bittner weist hierbei seiner eigenen Zunft klare Aufgaben zu. Dabei verhehlt er nicht, dass guter Journalismus schwieriger geworden ist. Im Gegensatz zu den in sozialen Medien verbreiteten Informationen kämen Berichte und Kommentare immer zu spät. Auch Journalisten hätten Angst vor Shitstorms in sozialen Medien. Selbstzensur und freiwillige Einschränkung ihres Denkens seien daher verständliche Schutzmaßnahmen. Er spart aber nicht mit (Selbst-)Kritik: Die Schweigespirale im Zuge der Migration 2015 habe zur Spaltung der Gesellschaft beigetragen. Eine besondere Verantwortung trüge, so Jochen Bittner, der öffentlich-rechtliche Rundfunk. Journalisten müssten künftig mehr darauf achten, gute Beispiele für eine andere Debattenkultur zu geben. Die Bürger dürften nicht an der Demokratie zweifeln, sondern an den Entscheidungen, den Debatten und der politischen Rhetorik.

Im Zuge der Pandemie durch das Corona-Virus scheint sich die Debattenkultur in Deutschland zum Positiven hin zu verändern. Die verantwortlichen Politiker wenden sich direkt an die Bürger; sie liefern ihnen Informationen und Handlungsalternativen statt Emotionen und Kriegsrhetorik. Die Bürger wissen im Großen und Ganzen, was die Regierung weiß. Durch den Appell an ihre Mündigkeit fühlen sie sich ernstgenommen. Sie denken mit und zeigen Eigeninitiative und Kreativität. Da autoritär geführte Staaten eher noch größere Probleme in der Bewältigung der Pandemie haben, erkennen viele die Vorzüge demokratischen Interessenausgleichs in einem föderalen Staatswesen. Die von Jochen Bittner geforderte *andere* Debatte ist also im Werden. Ob diese allerdings nachhaltig ist, wird sich zeigen, wenn es um die Frage der Lastenverteilung bei den finanziellen Folgen der Krise geht.

Denken wir nun ein wenig über die gesellschaftliche Verantwortung von Offizieren in der Bundeswehr nach. Fangen wir mit einer der von Jochen Bittner beschriebenen Ursachen für die problematische Debattenkultur in unserem Land an. Auch die Bundeswehr hat die Schutzbedürftigkeit der Demokratie, die ursprünglich im Mittelpunkt der Konzeption der Inneren Führung stand, kaum thematisiert. Dafür gab es gute Gründe; denn durch die Auslandseinsätze standen andere Themen wie beispielsweise die kulturelle Kompetenz oder der Umgang mit Tod und Verwundung im Vordergrund. Erst im Zuge der Debatte um den neuen Traditionserlass wuchs die Einsicht, dass Soldaten immer auch „Kämpfer für die Demokratie" sein müssen. Politische, historische und ethische Bildung gehören zur Professionalität des Soldaten dazu, weil sie nicht zuletzt aufgrund ihres Eids über die Fundamente der Demokratie wachen sollen. Vor allem die Chefs und Kommandeure, welche die Verantwortung für die Durchführung dieser Bildungsveranstaltungen tragen, haben damit die Möglichkeit, eine Debattenkultur innerhalb der Bundeswehr zu entwickeln, die ihre Soldaten und zivilen Mitarbeiter zuhause oder im Freundeskreis genauso wie in den sozialen Medien praktizieren können.

In der Bildungspraxis der Bundeswehr gibt es allerdings Defizite. Das ist nun nichts Neues; die Kritik an ausgefallenen und schlecht durchgeführten Veranstaltungen zur politischen Bildung kann man zur Genüge in den Jahresberichten des Wehrbeauftragten nachlesen. Angesichts der akuten Gefahren für den Fortbestand der freiheitlichen demokratischen Grundordnung von außen und innen sowie des negativen Einflusses sozialer Medien auf die Debattenkultur kommt es nun darauf an, die besonderen Chancen der Bundeswehr für eine umfassende Bildung besser zu nutzen. Dies wäre gleichzeitig eine wichtige Prävention gegen einen Rechtsrutsch und, damit einhergehend, einen Vertrauensverlust der Bürger in ihre Streitkräfte.

Jochen Bittner weist darauf hin, dass Emotionalität und Lagerbildung auf Überforderungen der Menschen zurückzuführen sind. Das trifft auch auf die Soldaten der Bundeswehr zu, vielleicht sogar noch mehr als auf die Bürger „ohne Uniform". Dies liegt nicht so sehr an den Gefahren ihres Berufs, sondern mehr noch an der desolaten Materiallage der Bundeswehr sowie an der als ungenügend wahrgenommenen sozialen Anerkennung ihres Berufs. Im Anschluss an Jochen Bittners Argumentation könnte man eine Kausalität zwischen Materiallage, Vertrauensverlust und Anerkennungsdefiziten auf der einen und Radikalisierung, Abgrenzung zur „dekadenten" Gesellschaft und rechtslastigen Einstellungen auf der anderen Seite ziehen. Enttäuschung und Zurückweisung führen zu Verhärtung und Rückzug. Das ist eine für die Demokratie und den gesellschaftlichen Zusammenhalt brandgefährliche Mischung.

Wir benötigen daher ein neues Verständnis der Inneren Führung als der für die Bundeswehr und den Dienst für Deutschland gültigen Führungsphilosophie. Sie ist in gewisser Weise unsere „Leitkultur". Ja, ich benutze dieses „Unwort des Jahres", weil, wie Jochen Bittner beschreibt, der Begriff ursprünglich einmal ganz anders gemeint war als der politische Kampfbegriff, zu dem er geworden ist, um andere auszugrenzen. Leitkultur meinte zunächst einmal genau das Gegenteil: eine Art innere Hausordnung über allgemeingültige Werte und Normen als Klammer für eine gemeinsame Identität – sei es unter den Deutschen, sei es zwischen Deutschen ohne und mit Migrationshintergrund oder auch zwischen Staatsbürgern und Soldaten als Staatsbürgern in Uniform. Eine Ordnung, die Werte verständlich macht und nicht nur ein bloßes Befolgen der Regeln verlangt. Diese Funktion hatte ursprünglich auch die Innere Führung. Sie ist nicht nur die regelbasierte Umsetzung des Grundgesetzes innerhalb der Bundeswehr, sondern eine Philosophie, die diejenigen Werte und Normen erläutert, die erst die Formulierung des Grundgesetzes möglich gemacht haben; und welche diejenigen Tugenden begründet, die nötig sind, um die Werte der Ordnung zu pflegen und ihre Normen umzusetzen.

Lassen Sie uns zum Schluss einen Blick auf die Medien der Bundeswehr werfen. Diese tragen größtenteils nicht zu Ausgrenzung und Lagerbildung bei. Allerdings genügen sie häufig nicht Jochen Bittners berechtigten Forderungen nach einer *anderen* Debatte. Oftmals dienen sie nur als Sprachrohr für die Regierungspolitik, ohne kritische Kommentierungen und ohne erläuternde Begründungen, warum Entscheidungen so und nicht anders getroffen wurden. Ihre Themen und Inhalte erscheinen zudem seltsam abgekoppelt von der Realität, wie Soldaten diese im täglichen Dienst erleben. Deren Stimmen finden sich darin jedenfalls kaum wieder.

Jochen Bittner liefert in seinem Buch eine Analyse, die Soldaten sehr sympathisch ist. Sie stellt die Menschen in den Mittelpunkt, sie anerkennt die Zumutungen und Herausforderungen, mit denen diese nur schwer umgehen können, und sie benennt klar die Verantwortlichkeiten bestimmter Berufsgruppen. Das Buch eignet sich in besonderer Weise für die politische Bildung in der Bundeswehr und auch dafür, dass jeder Einzelne sich selbst Klarheit über sein berufliches Selbstverständnis und seinen eigenen Beitrag zur Debattenkultur in Deutschland verschafft. Am Ende dieser selbstkritischen Analyse steht die Aufgabe, die eigene Befähigung zur Gesprächsführung für eine *andere* Debatte zu verbessern.

Carlo Strenger

Abenteuer Freiheit. Ein Wegweiser für unsichere Zeiten, Frankfurt/M. 2017

unter Hinzuziehung seiner Bücher „Zivilisierte Verachtung. Eine Anleitung zur Verteidigung unserer Freiheit", Frankfurt/M. 2015 und „Diese verdammten liberalen Eliten. Wer sie sind und warum wir sie brauchen", Frankfurt/M. 2019

Der in Israel arbeitende Schweizer Psychologe Carlo Strenger legte in den letzten fünf Jahren drei Bücher vor, die uns wachrütteln sollen. Sie sind Weckrufe, um die Gefahren, denen Freiheit und Demokratie von innen und außen ausgesetzt sind, zu erkennen; sie dienen als Ermutigung, einen persönlichen, engagierten Beitrag für deren Verteidigung zu leisten; und sie ermahnen die global agierenden Eliten, sich nicht von den Nöten und Sorgen der Menschen abzukoppeln. Den Auftakt machte das 2015 erschienene Buch „Zivilisierte Verachtung". In diesem Essay liefert der Autor eine philosophisch-psychologische Analyse des geistigen Zustands westlicher Demokratien. Deren Bürger hätten verlernt, die eigene Lebensform und ihre Werte argumentativ zu verteidigen. Sie sähen noch nicht einmal die Notwendigkeit dafür, weil ihnen Freiheit als ein selbstverständliches Gut erscheine und sie daher keine Leidenschaft dafür aufbrächten. Damit machten sie es den Feinden der offenen und liberalen Gesellschaften leicht, die Axt an die Wurzeln der Demokratie anzulegen. Zu deren Feinden zählten Terroristen, die durch Anschläge westliche Staaten dazu verleiten wollen, das zu zerstören, was sie eigentlich verteidigen sollten; Staaten, die mit Methoden der hybriden Kriegführung versuchen, Gesellschaften zu spalten, und schließlich Extremisten und Populisten, welche die demokratische Grundordnung von

40

innen aushöhlen und autoritäre, nationalistische Regime etablieren wollen.

Woran liegt diese Hilflosigkeit westlicher Demokratien angesichts dieser großen Gefahren für ihren Bestand? Zunächst führt Carlo Strenger den Leser in die Philosophie der Aufklärung ein, weil diese die geistigen Grundlagen für die modernen offenen Gesellschaften schuf. Er fordert von uns eine Rückbesinnung auf deren Leitideen von universaler Vernunft und Kritik sowie von Selbstkorrektur und individueller Verantwortung. Gerade weil die Aufklärung ein unvollendetes Projekt sei und immer unvollendet bleiben werde, komme es darauf an, dass jeder Einzelne daran nach Kräften mitwirke. Dazu gehöre elementar auch die Verteidigung der Freiheit. Schon damals, in der Hochphase der Aufklärung gegen Ende des 18. Jahrhunderts, stießen die Leitsätze der Aufklärung auf Widerstand. Romantiker, so der Autor, leiteten ihre Ideen aus anderen, diesen geradezu entgegengesetzten philosophischen Überzeugungen ab. Statt auf Vernunft und Kritik setzten sie auf Nation und Heimat sowie Tradition und Gefühl als Bestimmungsgrößen für Politik und Gesellschaft. Später, im 20. Jahrhundert, ließen totalitäre Ideologien wie der Kommunismus, der Faschismus und der Nationalsozialismus, die allesamt politische Heilslehren mit einem absoluten Wahrheitsanspruch waren, keinen Platz für individuelle Freiheit, Meinungsfreiheit und Toleranz. Die Verfechter der Aufklärung mussten sich also schon immer gegen mächtige Feinde wehren; und nicht selten haben sie diesen Kampf verloren. Das ist heute nicht anders als damals. Es gebe jedoch, so argumentiert Carlo Strenger, einen gewichtigen Unterschied. In dem permanenten geistigen Konkurrenzkampf hätten wir alle nach 1945 den großen Fehler begangen, die Grundsätze der Aufklärung in Frage zu stellen und sogar zu „verraten": indem wir die westliche Kultur als Ursache für Fehlentwicklungen wie Kolonialismus und Faschismus kritisierten; indem wir politische Korrektheit und kulturellen Relativismus einklagten, der weder die Verteidigung der eigenen Kultur noch die Kritik anderer Kulturen erlaubte; indem wir die Idee der Wahrheit für ein postmodernes „alles ist möglich" aufgaben; indem wir Werte und Gefühle selbst bei Entscheidungen über Krieg und Frieden wichtiger nahmen als Argumente und Interessen; indem wir die großen Ideen und die kulturelle Attraktivität der westlichen Welt auf berufliche Karrierechancen und technologischen Fortschrift verengten und deren liberale Werte vernachlässigten. Daher kann Carlo Strengers Rekurs auf die europäische Philosophiegeschichte auch als Beitrag zu einer „liberalen Bildung" verstanden werden, als Aufklärung über die Wurzeln offener und liberaler Gesellschaften, damit wir diese besser verstehen, in unserem Denken und Handeln beherzigen und erfolgreich gegen ihre Feinde argumentativ verteidigen können.

Nun spricht der Autor im Untertitel seines Buches von einer „*Anleitung* zur Verteidigung unserer Freiheit" und daher darf der Leser konkrete Handlungsvorschläge erwarten. Wie wir es von einem philosophisch gebildeten Psychologen erwarten können, geht es Carlo Strenger nicht um den Umbau des Staates und seiner Institutionen, sondern um Einstellungen und das kommunikative Verhalten des Einzelnen. Unter „zivilisierter Verachtung" versteht er die „… Fähigkeit, zu verachten, ohne zu hassen oder zu dehumaniseren". Er verlangt also, dass wir unsere liberalen Werte mit „schärferen Mitteln" verteidigen, also nicht illiberale Meinungen schulterzuckend hinnehmen und dies mit dem Hinweis auf den Werterelativismus und die politische Korrektheit rationalisieren. Verachtet werden sollen diejenigen Menschen, die Meinungsfreiheit unterdrücken, wissenschaftlich nicht haltbare Aussagen veröffentlichen, mit Vorurteilen arbeiten und selbstgerechte Narrative verbreiten. Dass es davon viele auf der ganzen Welt gibt, zeigt Carlo Strenger anhand zahlreicher Beispiele, die von der Fatwa gegen den Schriftsteller Salman Rushdie bis hin zu den Argumenten katholischer Priester, warum Kondome im Kampf gegen Aids in Afrika nicht wirken, reichen. Heute, fünf Jahre später, ließen sich viele weitere Beispiele von Politikern auf der ganzen Welt anführen, die ohne jegliche moralische Hemmungen Fehlinformationen und Unwahrheiten verbreiten.

Wichtig in Carlo Strengers Analyse ist nun folgender Appell: Die zivilisierte Verachtung dürfe sich gegen die öffentlichen Meinungsführer, nicht aber gegen diejenigen richten, die diesen Glauben schenken. Besonders eindringlich geht er darauf in seinem Buch „Die verdammten liberalen Eliten" ein. Diese seien extrem mobil und hätten eine globale Perspektive. Daher sorgten sie sich um die Welt und die Menschheit als Ganzes und nicht so sehr um ihr jeweiliges Heimatland. Sie liebten Weltoffenheit und Vielfalt und träfen Entscheidungen allein nach rationalen Kriterien. Da sie ihren Lebensstil nicht zuletzt aufgrund ihrer finanziellen Möglichkeiten stark individualisierten, verlören sie die Bindungen zu denen, die sozusagen zuhause geblieben sind, deren Lebenswelt sich auf einen kleineren Umkreis um ihren Geburtsort beschränkt. Carlo Strenger greift hierbei auf das Begriffspaar „Anywhere" und „Somewhere" des britischen Soziologen David Goodhart zurück, um die Kluft zwischen den Menschen dieser beiden Lebenswelten deutlich zu machen. Die global lebenden Eliten, zu denen er sich auch zählt, hätten selbst die heutige „illiberale Reaktion" provoziert. „Wir alle haben Menschen, die unsere Ansichten nicht nachvollziehen können und/oder nicht teilen, von oben herab behandelt und sie als dumm, begrenzt oder provinziell abgestempelt." Es mache absolut keinen Sinn, so fordert Carlo Strenger, die „Somewhere" mit Verachtung und sei sie noch so zivilisiert, anzugehen. Denn die Furcht, die eigene Identität zu verlieren, trage stark zum Wahlerfolg von Populisten bei, mehr jedenfalls als wirtschaftliche Interessen. Stattdessen erwartet er von den Eliten, Empathie gegenüber denjenigen zu zeigen, denen die großen Veränderungsschübe Angst machten, die fürchteten, ihre Identität und damit ihre Heimat zu verlieren; denn „Kultur und Identitätsfragen spielen für diese Menschen schlicht eine weit größere Rolle, als wir vor dem Hintergrund unserer kosmopolitischen Überzeugungen oft annehmen." Ihre argumentative Kraft und ihr politisches Engagement sollten die liberalen Eliten dafür nutzen, die Thesen der Populisten sachlich zu widerlegen, das Streben nach Wahrheit zu verteidigen, die westliche Kultur vor ungerechtfertigter Kritik zu schützen, Rationalität in politische Entscheidungen zu bringen und Fachwissen gerade auch in den sozialen Medien zu verbreiten – ohne dabei auf diejenigen Menschen, die populistische Parteien wählen, herabzublicken. Auf diese Weise könnten Eliten einen sozialen Beitrag leisten, der Anerkennung auch bei den „Somewhere" findet und insgesamt die offenen Gesellschaften auf der ganzen Welt stärkt.

Sie werden beim Lesen bereits bemerkt haben, dass hier viele Bezüge zur Bundeswehr hergestellt werden können. Fragen der politischen Bildung, der Beteiligung der Soldaten an politischen Debatten sowie des Vertrauensverhältnisses zwischen politischer Leitung, militärischer Führung und Truppe werden hier berührt. Und damit kommen wir zum zweiten, 2017 erschienenen Buch „Abenteuer Freiheit. Ein Wegweiser für unsichere Zeiten". Aus meiner Sicht bildet dies den Kern der Strengerschen Argumentation. Für Freunde der Inneren Führung ist der Titel dieses Buches eine wahre Freude. „Freiheit" ist neben dem Recht das politische Gut, dem der Staatsbürger in Uniform treu dient und das er tapfer verteidigt. Er versteht sie als eine spannende Aufgabe, die ihn im tiefsten Inneren herausfordert. Er will sie erleben, aktiv mitgestalten und daran selbst wachsen.

Nun ist Freiheit alles andere als selbstverständlich. Und ein Abenteuer kann auch schlimm ausgehen. Das wussten die

Väter der Bundeswehr, als sie Anfang der 50er Jahre des letzten Jahrhunderts eine neue Armee in der noch jungen und unsicheren deutschen Demokratie aufbauten. Auf dem Weg dorthin lauerten enorme Gefahren: nicht nur die konventionelle und später auch nukleare Bedrohung durch die Streitkräfte des Warschauer Pakts, sondern auch ideologische Verführungsversuche der sowjetischen Propaganda. Die unverzichtbare „geistige Rüstung" der Deutschen für diesen, so hieß es damals, „permanenten Weltbürgerkrieg" durfte genauso wenig wie die Aufrüstung und die Stationierung Hunderttausender alliierter Soldaten dazu führen, dass Deutschland sich erneut zu einem militaristischen Staat entwickelte. Bedrohlich waren auch die langen Schatten der nationalsozialistischen Vergangenheit. Mit den Ewiggestrigen konnte kein demokratischer Staat gemacht werden, aber die, die trotz Belastungen den demokratischen Neuanfang mitgestalten und dafür sich selbst radikal ändern wollten, die waren dringend gebraucht. All diese Gedanken – die militärische Bedrohung des freiheitlich-demokratischen Staates, die Gefahren durch politische Ideologien und der schwierige Umgang mit der eigenen Geschichte und überhaupt mit der Tragik des Menschseins – finden sich in Strengers philosophisch-psychologischem Essay über den gegenwärtigen Zustand des Westens wieder.

In den Mittelpunkt seiner Diagnose der gegenwärtigen politischen Kultur in den westlichen Demokratien stellt Carlo Strenger eine auf den französischen Philosophen Jean Jacques Rousseau zurückgehende „Illusion der Glücksberechtigung". Viele Menschen glaubten, dass Glück und Freiheit „Geburtsrechte" seien. Sie meinten, einen Anspruch darauf zu haben, den andere erfüllen müssten. Diese Haltung führe dazu, dass die Bereitschaft, an der Gestaltung der freiheitlichen Ordnung mitzuarbeiten, verschwunden sei. „Der Gedanke, dass *wir* die Gesellschaft sind, dass die Demokratie nicht nur eine Angelegenheit der Politiker, sondern auch der Bürger ist, scheint immer mehr auf dem Rückzug zu sein." Verdrängt hätten viele das in Theologie, Philosophie und Psychologie verankerte Wissen über die tragische Existenz des Menschen. Heute, so stellt Carlo Strenger fest, klingt die „… Vorstellung, wir bräuchten existentielle Anstrengungen jenseits von Sport und Diät, … anachronistisch." In der Folge gingen Nihilismus oder die Angst vor einer Islamisierung eine die Freiheit untergrabende unheilige Allianz ein.

Carlo Strengers Gesellschaftsdiagnose liefert wichtige Anhaltspunkte für eine Analyse des inneren Gefüges der Bundeswehr. Viele Soldaten fordern mehr Anerkennung ihres gefährlichen und stark belastenden Dienstes. Die Kritik dieser Forderungen als „Gier" verdeckt das eigentliche Problem: die fehlende Bereitschaft von Soldaten, sich für ihre eigene Sache mit demokratischen Mitteln einzusetzen. Wenn sie Anerkennung und Akzeptanz ihres Dienstes als eine Bringschuld von Politik und Gesellschaft erwarten, unterliegen sie dann nicht auch der „Illusion der Glücksberechtigung"? Kommt darin nicht ein patriarchalisches Verständnis unserer politischen Kultur und auch der Inneren Führung selbst zum Ausdruck? Was bedeutet es eigentlich für den Zustand unserer Demokratie, wenn sogar eine Bundesministerin der Verteidigung angesichts von Skandalen in der Menschenführung in Dienststellen der Bundeswehr feststellt, die Innere Führung habe versagt? Ist die Innere Führung nur noch eine politische Ideologie, die den Menschen versprochen hatte, alle Probleme des Zusammenlebens ein für alle Mal zu lösen und nun sichtbar gescheitert ist? So wie der Sozialismus 1989?

Als Psychologe ist Carlo Strenger bestens mit existentiellen Fragen vertraut. Menschen suchen aufgrund der Endlichkeit ihres Daseins immer neue Antworten nach dem Sinn des Lebens. In seinem Buch „Diese verdammten liberalen Eliten" stellt er anhand von Fallstudien dar, wie äußerst erfolgreiche Menschen unter „Angst vor Bedeutungslosigkeit" leiden und am Sinn ihres Tuns zweifeln. In unserer modernen Welt spitzt sich diese Problematik unaufhaltsam zu. Das Leben unterliegt enormen Beschleunigungskräften, während die beängstigende Frage nach dessen Sinn im Konsumrausch nur oberflächlich unterdrückt wird. Der Sinnaufladung als dem existentialistischen Kernproblem stellte sich auch die Innere Führung. Der Theologe Christian Göbel veröffentlichte kürzlich ein Buch mit dem Titel „Glücksgarant Bundeswehr?", in dem er beschreibt, wie ein an der Inneren Führung orientiertes Verständnis des Soldatenberufes zu beruflicher Erfüllung und Glück führen könnte. Was ist nur schiefgelaufen, dass das Abenteuer Freiheit heute einen „Ekel am Westen" hervorruft und die Innere Führung als gescheitert gilt? Wie konnte es geschehen, dass die Gegner der Demokratie glauben, diese sei schwach, weil sie den „… Glauben an eine große Sache … längst verloren…" hat? Warum wird die Idee der Freiheit, welche die erste Verteidigungslinie zur Abwehr der Propaganda des kommunistischen Ostens bildete, heute als Schwäche gesehen? Oder, auf die Bundeswehr übertragen, warum sehen nicht wenige das Leitbild des „Staatsbürgers in Uniform" als Auslaufmodell, weil es angeblich nicht stark genug mache für die gegenwärtigen und künftigen Aufgaben der Soldaten?

Ursachen für diese Misere sieht Carlo Strenger im Scheitern der Aufklärung sowie in der fehlenden „freiheitlichen Erziehung" zur Übernahme politischer Verantwortung. „Freiheitliche Erziehung ist kein Luxus, sondern die Bedingung dafür, dass unsere Freiheit die zahlreichen Stresstests der Gegenwart bestehen kann." Die Universitäten trügen hierfür eine besondere Verantwortung – auch die Universitäten der Bundeswehr, die dieser Idee ursprünglich besonders verpflichtet waren. Ein Studium, so Carlo Strenger, sollte immer auch der Erziehung zur staatsbürgerlichen Verantwortung dienen. Dass Carlo Strenger als Psychologe in Israel arbeitet, kommt in seiner unbefangenen Verwendung eines Begriffs zum Ausdruck, der in Deutschland gegenwärtig militärisch enggeführt auf Gefechte diskutiert wird: der Kampf. So fordert Strenger „Kampfgeist", um die freiheitliche Ordnung gegen neue Bedrohungen wie den Rechtspopulismus oder Islamismus aktiv zu verteidigen. Die Innere Führung nannte dies früher „geistige Rüstung", die nicht vom Kampf im Gefecht getrennt werden dürfte. Auch die Vorgesetzten in den Streitkräften sind per Soldatengesetz dazu verpflichtet, durch staatsbürgerliche Unterrichtung einen Beitrag zum „Kampf für die Demokratie" zu leisten. Jeder einzelne Soldat hat sich im Letzten dazu vor seinem Gewissen verpflichtet. Um dieser Verantwortung unabhängig von seinem Dienstgrad gerecht zu werden, benötigt er eine Form der Bildung, wie sie Carlo Strenger in seinen Büchern beschrieben hat: Der Soldat muss allseitig gebildet sein, damit er unterschiedliche Perspektiven aushält und ein Gespür für die Qualität und Triftigkeit von Argumenten entwickelt. Nur so gelingt es ihm, nicht nur dem Buchstaben seines Eides zu folgen, sondern auch aus Einsicht zu handeln und die Demokratie auch argumentativ zu verteidigen. Zur Einübung gibt es heute mehr und neue Gelegenheiten: vor allem durch Gespräche während des kostenfreien Bahnfahrens und des Einsatzes von aktiven Soldaten und Reservisten in der Amtshilfe, wie beispielsweise bei der Bekämpfung der Corona-Pandemie. Es kommt darauf an, die Bildung in der Bundeswehr so zu verbessern, dass diese Chancen auch genutzt werden können. Es darf sich nicht bei den Bürgern der Eindruck verfestigen, die Bundeswehr sei nicht mehr in der Mitte der demokratischen Gesellschaft verankert; genauso schädlich wäre es, wenn Populisten und Extremisten die Soldaten für leicht verführbar hielten.

Ein Hindernis auf diesem Weg zu mehr Bildung für alle Soldaten scheint die Abkopplung der Eliten von der Lebenswelt der Soldaten in der Truppe zu sein. Das Projekt

„Innere Führung heute" gibt darauf Hinweise, die bisher allerdings nur hinter vorgehaltener Hand und recht pauschal kommuniziert wurden. Die Unterscheidung zwischen den „Anywhere" und „Somewhere" trifft auch auf die Bundeswehr zu. Denn wie die liberale Elite, so ist auch die militärische Elite in hohem Maße international ausgerichtet. Viele Generale und Admirale verwenden einen Großteil ihrer Dienstzeit für Reisen ins Ausland und für die Pflege eines multinationalen Netzwerks. Alliierte wie beispielsweise General Stanley McChrystal stehen bei ihnen hoch im Kurs. Gespräche mit ihren Soldaten kommen zu wenig zustande, und wenn die militärische Elite mit der Truppe kommuniziert, erinnert das an die Diagnose von Carlo Sprenger: die Worte zeugen von wenig Empathie und gehen am Bedarf der Soldaten vorbei. Zuletzt zeigte sich dieses Defizit bei der Erarbeitung des neuen Traditionserlasses der Bundeswehr. Dieser berücksichtigt die insbesondere von der Kampftruppe geäußerten Wünsche nach kulturellen Bindungen, die den Zusammenhalt stärken, nur am Rande. Ein Gefreiter benötigt wahrscheinlich mehr Identität und Bindung als ein General. Carlo Strengers Appell an die kosmopolitische Elite, ihre Komfortzone zu verlassen und sich an den Diskussionsthemen der „Somewheres" zu beteiligen, darf auch an die militärische Elite adressiert werden. Insofern sind seine Bücher eine gute inhaltliche Ergänzung zu dem hier ebenfalls vorgestellten Buch von Jochen Bittner, in dem dieser eine *andere* Debatte in Deutschland fordert.

Carlo Strenger hat uns eine Diagnose der modernen Welt geliefert, die nicht nur den Zeitgeist verständlich macht, sondern auch an den Einzelnen appelliert, über sich und seine Rolle als Bürger, ja sogar über den Sinn des Lebens in der westlichen Welt nachzudenken. Ganz besonders nimmt er Führungspersönlichkeiten sowie Lehrer in den Bildungseinrichtungen in die Verantwortung. Carlo Strenger weist uns auf Schwachstellen hin, die unsere Gegner geschickt ausnutzen – sie liegen in uns selbst, in unseren Einstellungen sowie in der Art und Weise, wie wir miteinander in Politik und Gesellschaft umgehen. Er ermutigt uns, Freiheit positiv zu sehen, sich dafür zu engagieren und ein starkes Signal nach außen an ihre Feinde zu senden. Er beendet seinen Essay mit einer Warnung: „Es hängt von uns ab, ob es uns gelingt, den nachfolgenden Generationen die Fähigkeit zu vermitteln, den Schmerz der Freiheit auszuhalten und die Schönheit des Abenteuers Freiheit zu erkennen." Dies gilt ohne Einschränkung und vielleicht sogar besonders für die Soldaten der Bundeswehr.

III Bundeswehr

Kurt Graf v. Schweinitz
Notizen im Transit von Krieg und Frieden, Berlin 2020

Um es gleich vorwegzunehmen: Meine Begeisterung für „Notizen im Transit von Krieg und Frieden" ist grenzenlos und ich hoffe, die Gründe dafür in dieser Besprechung angemessen zum Ausdruck bringen zu können. Was ist das Besondere an diesem Werk? Es atmet den Geist des preußischen Generals und Kriegstheoretikers Carl von Clausewitz und seiner dialektischen Denkmethode, es untermauert eigene Erkenntnisse mit passgenauen Zitaten klassischer Autoren, und es ist gleichzeitig so praxisorientiert, dass diejenigen, die mit Fragen von Krieg und Frieden zu tun haben, daraus wertvolle Orientierungen für ihr eigenes Tun ziehen können. Zudem bedient sich der Autor einer Sprache, die mitreißt. Kurze Hauptsätze wechseln sich ab mit Satzgefügen, in denen Nebensätze sich staccatoartig aneinanderreihen. Seine Ausführungen sind nicht durch Fußnoten beschwert, ironische Zwischentöne lassen den Leser leise lachen, und bei den knappen Beschreibungen im „Bildarchiv" spulen sich wie von Geisteshand bewegt ganze Szenen vor den Augen des Lesers ab. Auf diese Weise wird der Leser eins mit dem Autor: Er versteht, wie beispielsweise dessen Erlebnisse in der Endphase des II. Weltkrieges, der „Blick in den Abgrund", sein Maßstab im Leben wurden und ihn die Dinge mit Abstand betrachten ließen, „aber auch zum Hohen hinanschauen".
Werden wir nun etwas konkreter und gehen ins Detail. Der Autor, Kurt Graf von Schweinitz, fast 90 Jahre alt, Brigadegeneral der Bundeswehr a.D., nennt sein Buch „Notizen". Nun, dies ist feines britisches Understatement, wie es in seiner Wahlheimat London üblich ist. Tatsächlich ist

sein Buch eine philosophische Abhandlung über das Verhältnis von Politik und Militär in Krieg und Frieden. Obwohl es als Biografie daherkommt, finden sich darin keine Selbstbetrachtungen. Selbstlob hat hier keinen Platz. Persönliche Erfahrungen dienen Graf Schweinitz nur als Ausgangspunkt für ein tiefes Nachdenken, er will zum Kern der Probleme vordringen. Das gelingt dem Autor ganz überzeugend: Sein Buch bietet uns Einblicke in „Weltbegebenheiten" und das diese bewegende „Weltgetriebe". Er wagt sogar Prognosen. Es sind die großen Trends, die er aufspürt, die tektonischen Verschiebungen und die ihnen zugrundeliegenden titanischen Kräfte, die er analysiert, um uns einen Ausblick auf die Zukunft zu geben. Dass angesichts dieser Dimensionen Politiker wie Trump oder Putin keine Erwähnung finden, unterstreicht die zeitübergreifende Bedeutung der Dinge, denen er auf der Spur ist.
Gehen wir kurz auf die dialektische Denkweise des Autors ein. Schon im Titel seines Buches scheint diese hervor: Es geht um Krieg <u>und</u> Frieden. Das eine kann nicht ohne das andere gedacht werden. In der Nachfolge Clausewitz' bestimmt Graf Schweinitz Frieden als obersten politischen Zweck eines Krieges. Ist dies nicht der Fall, wie im II. Weltkrieg und wohl auch in den endlosen (Bürger-) Kriegen der heutigen Zeit, müsse ein Volk sinnlos leiden und ausbluten. Die Kriegsführung würde entsittlicht, die zivilisierte Gesellschaft fiele in sich zusammen. Diese Einsicht entwickelt der Autor vor dem Hintergrund seiner oftmals grausamen Erlebnisse in den Jahren 1944/45, die er mit bewundernswerter Abgeklärtheit schildert. Dass sein Ausblick auf die Zukunft der Menschheit insgesamt eher optimistisch ausfällt, liegt vor allem daran, dass er in all dem Schrecklichen immer noch das Menschliche, das Humane, sucht und findet.
Dialektisch ist auch sein Denken über die moderne Technologie. Durch Massenwirkung und Automatisierung überschreite diese die Grenzen einer angemessenen Ge-

waltanwendung, wie der schonungslose, gegen die Zivilbevölkerung gerichtete strategische Luftkrieg der Alliierten im II. Weltkrieg oder auch die Bombardierungen der US-Streitkräfte im Vietnam-Krieg gezeigt hätten. Vor allem die in der westlichen Welt weit verbreitete Technikgläubigkeit zerstöre die traditionellen sittlichen Einhegungen zivilisierter Kriegführung. Die „niedersten Triebe, der Wahnsinn in ihm", erhalte so freien Lauf. Gleichzeitig bricht, so der Autor, selbst aus der technischen Kriegführung die Menschlichkeit immer wieder hervor, das Gute überlebt trotz der apokalyptischen Vernichtung. Im Weltmaßstab betrachtet bringe Technik die Menschen sogar zusammen, sie fördere die „Homogenität der Völker". Dies könnte die Grundlage für ein gemeinsames Ethos bilden, für einen sittlichen Habitus, der sich positiv auf Krieg und Frieden auswirkt.

Bedeutsam ist, dass Graf Schweinitz klassische Autoren von Goethe bis Nietzsche oder auch Sätze aus der Bibel zitiert, um die von ihm ermittelten Zusammenhänge zu untermauern. Dabei geht es ihm nicht darum, mit höherer Bildung zu brillieren und so Ehrfurcht beim Leser zu erwirken. Vielmehr weist er uns darauf hin, wie viel wir heute von unseren Klassikern wieder lernen könnten und dass unsere Politiker und Generale die Herausforderungen von Krieg und Frieden besser verstünden, wenn sie über eine humanistische Bildung verfügten. Dann würden nicht Digitalisierung und Big Data, sondern der Mensch mit seinen Erkenntnisgrenzen und Fehlern und ganze Völker mit ihrer Moral und ihren Leidenschaften in den Vordergrund treten. Folgerichtig enthält dieses Buch weder Statistiken noch politikwissenschaftliche Theorien. Graf Schweinitz will das Humane und eine darauf zielende Bildung wieder in den Mittelpunkt rücken. Dazu dient ihm auch seine Kritik an der Ausbildungs- und Bildungswirklichkeit in Diplomatie und Militär, die vom Kern der Dinge ablenke. Anschaulich stellt der Autor diese Fehlentwicklungen in dem Kapitel über die Generalstabsausbildung der Bundeswehr dar. Er selbst ist Angehöriger des 6. Generalstabslehrgangs, der Ende der 1960er Jahre stattfand. Nicht zuletzt aufgrund des US-amerikanischen Einflusses in der NATO sei das deutsche Verständnis von der Natur des Krieges und die daraus abgeleitete Führungskunst in den Hintergrund getreten. Die moderne Technik, das Spezialistentum und die Verwissenschaftlichung hätten dazu geführt, dass Entscheidungen in Politik und Militär auf der Grundlage berechenbarer Größen getroffen würden. Dabei seien im Kriege die Dinge nicht nur volatil, sondern von Natur aus unbestimmbar. Schon damals, als Lehrgangsteilnehmer, ist dem Autor schmerzhaft aufgefallen, dass über die Natur des Krieges und das Politische in ihm genauso wenig unterrichtet wurde wie über die neueste Kriegsgeschichte. Kurzum: Clausewitz wurde nicht gelesen.

Dieses Defizit habe unmittelbare Auswirkungen auf den Umgang mit Informationen. Als ehemaliger Leiter des militärischen Nachrichtendienstes weiß Graf Schweinitz aus eigener Erfahrung, dass ein Mehr an Informationen nicht zu mehr Erkenntnis führt, sondern oftmals bloß zu Informationsstaus. Aus der Datenvielfalt würde nur noch das ausgewählt, was die eigenen Vorannahmen und Feindbilder bestätigt. Die Hoffnung, der Datenflut durch Informationstechnologien Herr zu werden, gehe einher mit der Vernachlässigung der Beurteilung der Absicht eines Gegners, seiner moralischen Verfassung und seiner historischen Erfahrungen. Empathie gehe so genauso verloren wie die Einsicht in die elementare Rolle des Zufalls. All dies sei, so Graf Schweinitz, besonders gefährlich, wenn fehlerhafte Lagebeurteilung, unklare Politik und unsichere Diplomatie eine unheilige Allianz bildeten.

Mit spitzer Feder zeigt Graf Schweinitz die Wirkungen eines auf Technologie und Empirie verkürzten Kriegsbildes und Führungsverständnisses auf. Generale im Einsatz seien heute nur noch „Führungsgehilfen ihrer politischen Zentralen“, ihre operative Handlungsfreiheit sei eingeschränkt, die Taktik vor nicht umsetzbare Aufgaben gestellt. Dabei habe die Politik, so ließe sich zwischen den Zeilen lesen, eigentlich keine guten Gründe, die Generale so an die Kandare zu nehmen. Ihr Verlust von Empathie, des Hineindenkens in einen Gegner oder Konkurrenten, führe zu überambitionierten eigenen Zielen und nicht ausreichend bedachten Folgewirkungen. Trotz zahlreicher Kriege bzw. Auslandseinsätze bliebe die Wirtschaft Schwerpunkt ihres Tuns, Krieg sei daher nur ein „Halbding“. Lange Kriege gerieten schnell in Vergessenheit, das Treueverhältnis zwischen Staat und Soldat würde einseitig aufgekündigt. Die Politik sei sogar bereit, Frieden um den Preis einer demütigenden Niederlage zu schließen. Besonders gefährlich wäre es, wenn externe Berater ins Spiel kämen, die mit dem Wesen des Krieges unvertraut sind, aber leichtfertig beraten, weil sie nicht über Verantwortung verfügen. All dies belaste die Beziehungen zwischen Politik und Militär.

Praktisch ist Graf Schweinitz auch in seinen Ausführungen zur Menschenführung im Militär. Soldaten bräuchten Vorgesetzte, die mehr „Papa“ sind als Prozessoptimierer, die Vorbilder sein wollen und persönliche Verantwortung übernehmen ohne sich jederzeit nach oben abzusichern, die Tradition und Korpsgeist pflegen und sich nicht in Reorganisationswut verlieren, die geistig beweglich und taktisch frech sind, dabei aber wissen, dass nur das Einfache Erfolg haben wird und der Soldat klare Ansprachen benötigt. Kurzum: Graf Schweinitz fordert eine Rückbesinnung auf das, was komparativer Vorteil deutscher Streitkräfte war: nicht die Masse an Material und Informationen, sondern die Führungskunst mit der Entschlossenheit, sich bietende Chancen selbständig zu nutzen.

Graf Schweinitz’ Buch ist keine Handlungsanweisung. Es sagt dem Leser nicht, was er tun soll. Es hilft ihm allerdings dabei, tiefer und breiter zu denken und sich durch Bildung ein „inneres Licht" zu erarbeiten, das seinen Charakter stärkt und in der Ungewissheit seinen Weg weist. Es ist damit eine ideale Grundlage für die Selbstbildung des Einzelnen – sei er Politiker, Diplomat oder Soldat.

IV (Militär-)Geschichte

James Hawes

Die kürzeste Geschichte Deutschlands, Berlin ⁵2019

Ein Bestseller über die deutsche Geschichte? Und dann auch noch in Großbritannien? Dieser Erfolg ist dem britischen Schriftsteller und Germanisten James Hawes gelungen. Das im Jahre 2015 in London erschienene Buch wurde schnell ins Deutsche übersetzt und gelangte auch bei uns auf die Bestsellerlisten. Worauf beruht dieser unerwartete Erfolg? Zum einen darauf, dass der Autor die rund 2000 Jahre germanisch-deutscher Geschichte kurzweilig auf gut 300 Seiten beschreibt. Die englische Originalausgabe kommt sogar mit 100 Seiten weniger aus. Der Hauptgrund liegt jedoch an der Kernbotschaft seines Buches: Deutsche, so wendet sich der Autor mahnend an uns, die Zeit von 1866 bis 1945, die so stark auf Eurem Gewissen lastet, war eine „schreckliche Verirrung". Das andere, im europäischen Westen tief verankerte, freiheitliche Deutschland ist das wahre Deutschland. Es kommt angesichts der Wahlerfolge links- und rechtsextremer Parteien vor allem im Osten Deutschlands darauf an, dieses Erbe anzunehmen und sich in dem politischen Handeln daran auszurichten. Und dem internationalen Publikum sagt James Hawes: Wenn Ihr dieses Deutschland mit Euren Erwartungen an finanzielle Transfers zu stark überfordert, fördert Ihr gerade die politischen Parteien, die das gute Deutschland gefährden. James Hawes' Buch ist also ein historischer Bildungsgang mit dem Ziel einer politischen Selbstvergewisserung – für die Politik wie auch für jeden Einzelnen.

Dass der Autor mit seinem Buch eine politische Absicht verfolgt, verrät bereits der Blick auf das Cover der englischen Originalausgabe. Darauf sieht man das Wappen des

Adlers, also des jahrhundertealten Symbols deutscher Staatlichkeit. Allerdings hat dieser Adler ein Janusgesicht: Der eine Kopf schaut nach rechts Richtung Westen, der andere nach links Richtung Osten. Irritierend ist auch die Farbe dieses Symbols: Der doppelköpfige Adler ist rot und nicht, wie wir Deutschen wohl erwartet hätten, schwarz. Auf der Rückseite ist dieselbe Figur dann farblich unterteilt: in einen nach Westen blickenden hellbraunen und einen nach Osten blickenden schwarzen Adler. Schon auf dem Cover wird also deutlich, wie der Autor argumentieren wird: Es geht ihm um die innere Zerrissenheit Deutschlands, und zwar in zweifacher Hinsicht: Regional zwischen dem europäischen Westen und Osten sowie ideologisch zwischen einem demokratischen und einem autoritären Staats- und Politikverständnis. Diese Zerrissenheit führt ihn zu der zentralen Frage: „Gehört Deutschland zum Westen oder zum Osten?" Leider ist dieses Spiel mit den Blickrichtungen und den Farben des Symbols deutscher Staatlichkeit nicht auf das Cover der deutschen Ausgabe gekommen. Stattdessen sieht man auf der Vorderseite das Brandenburger Tor. Für mich ist dieses Gebäude eher Symbol für Preußen und die deutsche Einheit. Wer damit positive Gedanken und Gefühle verbindet, wird durch James Hawes allerdings bis ins Mark erschüttert: Preußen sei die Nemesis eines zum Westen gehörenden Deutschlands, und die deutsche Einheit habe es weder 1871 noch 1990 gegeben – zu unterschiedlich seien die beiden Teile Deutschlands.

Aus der Janusköpfigkeit der deutschen Geschichte leitet James Hawes eine klare politische Botschaft ab. Bereits im Vorwort der englischsprachigen Ausgabe wird deutlich, dass der Autor den Westen als ein politisches, auf Demokratie, Rechtsstaatlichkeit und individueller Freiheit beruhendes Projekt in Gefahr sieht. Darin zitiert er den ehemaligen deutschen Außenminister Joschka Fischer, der feststellte: „Europe is far too weak and divided to stand in for the US strategically; and, without US leadership the West cannot survive. Thus, the Western world as virtually everyone alive today has known it will almost certainly perish before our eyes." Vielen scheint heute ausgemacht zu sein, dass die USA nicht mehr die alleinige Weltmacht in der neuen multipolaren Weltordnung sein werden. Und nicht wenige sehen den Westen als stark gefährdet an. Auch der Historiker Heinrich August Winkler, der in seinem vierbändigen Monumentalwerk den „langen Weg Deutschlands nach Westen" beschreibt, konfrontiert uns in einem weiteren Buch mit der Frage „Zerbricht der Westen?". Nun ist es der Brite James Hawes, der den Deutschen klarmacht, dass ihr Land im Herzen Europas liegt und zur Erhaltung des Westens entscheidend beitragen muss. Der europäische Westen sei der Kern deutscher Identität und nicht die schreckliche, durch Preußen herbeigeführte Verirrung in dem Jahrhundert vor 1945. Es geht ihm also darum, dass der Adler des deutschen Bundeswappens als Zeichen nationaler Souveränität und der dem Recht dienenden Macht weiterhin nach Westen blickt. Dazu ermahnte bereits die Blickrichtung des Adlers im deutschen Bundestag in Bonn und in diese Richtung blickt er auch heute im Bundestag im Reichstagsgebäude in Berlin. Aber auch die europäischen Partner sollten dazu beitragen, dass Deutschland sich in Zukunft weiterhin an den Westen und seine Werte bindet. Dafür ist dieses Buch geschrieben: Es ist eine Meistererzählung über Deutschland, eines Landes, von dem James Hawes glaubt, dass es den europäischen Westen retten kann.

Worin sieht James Hawes die politischen Gefahren heute? In den Mittelpunkt stellt er den Populismus und das Erstarken der extremen Parteien jenseits der bürgerlichen Mitte. Populismus und Extremismus sind Phänomene in den meisten europäischen Ländern. In Deutschland ist davon besonders der Osten betroffen – trotz der Billionen Euro, mit denen die sogenannten neuen Bundesländer nach der Wiedervereinigung unterstützt wurden. Der Clou bei James Hawes ist nun seine These, dass trotz des Geldtransfers von West nach Ost die politische Beeinflussung eher von Ost nach West verläuft. Der deutsche Westen könne auch heute politisch durch den Osten beeinflusst werden, wie es bei dem preußisch dominierten Deutschland nach 1871 der Fall war. Der Autor wurde für diese Gefahr nicht zuletzt durch den Brexit in Großbritannien sensibilisiert. „Ein Beispiel dafür, was passieren kann, wenn eine liberal-konservative, proeuropäische politische Klasse auf die Bedrohung durch die populistische Rechte übertrieben reagiert, steht ihnen noch unmittelbar vor Augen. Die britische UKIP holte 2015 genauso viele Stimmen wie die AfD 2017: 12,6 Prozent. Auch das war ein Schock, stellte aber keine echte Bedrohung dar. Ungeachtet dessen fürchtete sich David Cameron so sehr vor ihnen, dass er ihrer Forderung nach einem Referendum nachgab. Das Ergebnis war ein einziges Desaster." Es seien also nicht allein gesellschaftspolitische Entwicklungen im Osten Deutschlands, sondern auch Ängste und darauf beruhende Fehlentscheidungen führender Politiker, die den Westen und seinen Zusammenhalt untergraben könnten. Daher beschreibt James Hawes auch sehr ausführlich die katastrophalen Fehleinschätzungen deutscher konservativer Politiker, die am Ende der Weimarer Republik meinten, sie könnten Hitler an die Leine legen und für ihre Zwecke nutzen.

James Hawes weist uns auf etwas hin, was wir nicht gerne hören, weil wir glauben, es würde den Zusammenhalt unseres Landes gefährden. Es seien nicht die DDR-Diktatur und die vorangegangene NS-Gewaltherrschaft alleinige Ursachen dafür, dass populistische Parteien im Osten Deutschlands so starken Zulauf erhielten und sich dort ein „brüllendes, autoritäres Gedankengut" ausbreite. Das Gebiet ostwärts der Elbe sei schon immer anders gewesen als das Gebiet westlich davon. Um diesen Befund zu belegen, geht James Hawes zu den Anfängen der deutschen Geschichte, zu den Germanen vor rund 2000 Jahren, zurück. Aus Sicht Roms, dessen mächtiges Reich an Rhein und Donau grenzte, war das damalige Germanien ein unzivilisiertes und barbarische Territorium, in dem sich verfeindete Stämme wie im heutigen Syrien ständig bekriegten. Die Römer versuchten, ihre Zivilisation in diese Region zu bringen und etablierten militärisch gesicherte Grenzposten, aus denen später große Handelsstädte wurden, wie beispielsweise Bonn, Koblenz und Trier. Sie erkannten indessen auch die Grenzen ihrer Machtausdehnung und beschränkten sich darauf, die von ihnen bereits kultivierten Gebiete nördlich und ostwärts von Rhein und Donau durch einen Grenzwall, den Limes, zu schützen. Den Migrationsdruck von germanischen Stämmen in das Römische Reich hinein verhinderten die römischen Legionen durch Abschreckung. Wer versuchte, in das Reich vorzudringen, wurde brutal niedergemacht. Einwandern durften nur diejenigen, die als Legionäre benötigt wurden. Militärische Expeditionen in die Tiefe Germaniens fanden gelegentlich statt, ohne allerdings eine nachhaltige Kontrolle und Befriedung größerer Gebiete zu erreichen. Die Elbe bildete jedenfalls die absolute Grenze der römischen Expansionspolitik. Die Zerrissenheit Deutschlands, so lautet James Hawes' These, geht also bereits auf die Römer zurück. Sie brachten die Zivilisation in das Gebiet des heutigen Deutschlands, aber eben nur in dessen südliche und westliche Regionen. Deren dadurch erreichter Zivilisationsvorsprung mache sich noch heute politisch bemerkbar. Dass sich Deutschland in den folgenden Jahrhunderten nach dem Untergang des Römischen Reiches nicht wie Frankreich oder England als Staat entwickeln konnte, führt James Hawes auf verschiedene Faktoren zurück. Geographisch spiele die deutsche Mittellage mit den vielen Nachbarn sowie die Unsicherheit, wo Deutschland eigentlich im Osten ende, eine wichtige Rolle. Es waren nicht-staatliche

Akteure, die sich weit in den nordosteuropäischen Raum ausdehnten. Dazu gehörten der Deutsche Ritterorden, der große Teile des heutigen Polens sowie das Baltikum unter seine Kontrolle brachte, und auch die Hanse, die als Wirtschaftsorganisation über großen politischen und auch militärischen Einfluss verfügte. Der ständige Konkurrenzkampf zwischen Königen, Adligen und Päpsten verhinderte nicht nur einen deutschen Zentralstaat, sondern mündete schließlich in den 30-jährigen Krieg, an dessen Ende 1648 Deutschland ein *failed state* gewesen sei. Im Osten entstand schließlich der Staat Preußen, der so ganz anders war als die Staaten im europäischen Westen. Preußen entwickelte sich als ein Militärstaat mit einem spezifischen Gesellschaftsvertrag. König und Adel versprachen den Menschen für ihre Gefolgschaft, d.h. für ihren Verzicht auf Selbstbestimmung und Selbstverteidigung, Sicherheit, was diese angesichts des Chaos um sie herum bereitwillig annahmen. Das Staatsmodell des britischen Philosophen Thomas Hobbes, das auf einem Leviathan, einem absoluten Herrscher beruht, wurde hier Wirklichkeit.

Dass Preußen schließlich ganz Deutschland dominieren konnte, hing, so der britische Autor, auch mit der Politik der europäischen Großmächte zusammen. England und Frankreich hatten ein starkes Interesse daran, dass Deutschland in möglichst viele Kleinstaaten aufgeteilt blieb. Im innerdeutschen Machtgefüge waren diese allerdings Preußen militärisch und damit auch politisch unterlegen. Entscheidend für den Aufstieg Preußens waren die Befreiungskriege gegen Frankreich. Obwohl zunächst in der Doppelschlacht von Jena und Auerstedt 1806 vernichtend besiegt, trug es knapp zehn Jahre später entscheidend zur endgültigen Niederlage Napoleons bei. Als Dank dafür erhielt Preußen das deutsche Rheinland zugesprochen. Auf diese Weise wollte Großbritannien nicht nur einen glaubwürdigen militärischen Schutzwall gegen Frankreich aufbauen, sondern Deutschland weiterhin gestückelt lassen.

„Großbritannien wollte, ganz wie die Trumpisten unserer Tage, dass Europa ein Durcheinander konkurrierender Staaten bliebe, und schenkte Preußen deshalb eine moderne Industrieregion am Rhein". Weithin bekannt sind noch heute der Mythos von der „Wacht am Rhein" sowie die Legenden der Generale Scharnhorst, Gneisenau oder von General „Vorwärts" von Blücher. Bekanntermaßen geht der Karneval auf die preußische Herrschaft in dem katholischen Westen Deutschlands zurück. Entscheidend für das Schicksal des gesamten Deutschlands und schließlich ganz Europas war Preußens Zugriff auf das gewaltige Industriepotential, das dort ab Mitte des 19. Jahrhunderts entstand. Der Militärstaat Preußen erhielt nun die materiellen Ressourcen für seine Kriege zur Vergrößerung seines Territoriums und schließlich für die Einheit Deutschlands. „Von nun an speisten der Wohlstand, die Industrie und die Demografie Süd- und Westdeutschlands den Ehrgeiz Preußens." Aufgrund der Dominanz Preußens war das 1871 geschaffene Deutsche Reich ein „*preußisches* Deutschland", weshalb Bismarck als langjähriger Reichskanzler das katholische Österreich absolut nicht dabeihaben wollte. Die „deutsche Einheit" sei also, so James Hawes, eine „preußische Lüge" gewesen. Stattdessen galt, so könnte heute Bismarcks Politik auf den Punkt gebracht werden, „Preußen *first*". Kurzum: Preußen habe Deutschland gekidnappt und damit die gesamten deutschen demographischen und wirtschaftlichen Ressourcen für seine Machtpolitik genutzt. Das preußische Deutschland ging schließlich einen Sonderweg, der ideologisch von geistigen Strömungen wie der Staatsphilosophie Hegels, dem Antisemitismus der Nationalliberalen und den geopolitischen Visionen eines Lebensraums für Deutschland in Osteuropa geprägt war. Hier entwickelte sich ein Verständnis von deutscher Kultur, das sich dezidiert von der westlichen Zivilisation abgrenzte.

Die preußische Dominanz führte zum Untergang Deutschlands im Zweiten Weltkrieg. James Hawes sieht hier Kontinuität und Kausalität. Dass Preußen 1945 aufgelöst und für alle Zeit verboten wurde, sei eine richtige Konsequenz gewesen. Denn Preußen war ein Sammelsurium für eine Vielzahl von Fehlentwicklungen. Für Soldaten ist besonders James Hawes' Darstellung der deutschen militärstrategischen Fehlentscheidungen im Ersten Weltkrieg von Bedeutung. Als Russland 1917 Frieden mit dem Deutschen Reich schloss, entschied die damalige Militärführung unter Hindenburg und Ludendorff, die meisten der im Osten eingesetzten Divisionen dort zu belassen, obwohl mit dem Kriegseintritt der USA das Kräfteverhältnis im Westen sich zuungunsten des deutschen Heeres entwickelte. Rationales strategisches Denken sei also kompromittiert worden durch die preußische Obsession einer Befriedung und Gestaltung des Raumes im europäischen Osten. Dass es überhaupt zum Ersten Weltkrieg kommen konnte, hatte nicht nur mit Jahrzehnten zuvor getroffenen außenpolitischen Entscheidungen zu tun, sondern auch mit den besonderen zivil-militärischen Beziehungen im preußischen Deutschen Reich. Die Unabhängigkeit des deutschen Generalstabs von der Außenpolitik des Reiches und die Unfähigkeit des Kaisers Wilhelm II., hier zu vermitteln, führte zum Angriff auf Frankreich, obwohl Russland dem Deutschen Reich den Krieg erklärt hatte und im Osten auch der strategische Schwerpunkt der deutschen Außen- und Sicherheitspolitik lag.

Die Dolchstoßlegende zur Diskreditierung der Politiker, welche nach 1919 die erste Demokratie auf deutschem Boden aufbauten, und schließlich das unrühmliche Ende der Weimarer Republik knapp eineinhalb Jahrzehnte später – überall sieht James Hawes preußische Intrigen am Werk. Die stark ausgeprägten autoritären Einstellungen der Menschen im Osten Deutschlands wirkten sich, so der britische Autor, entscheidend auf die Wahlen zum Reichstag aus.

Hitler wurde im protestantischen Osten Deutschlands gewählt, nicht im katholischen Westen. Er bekam so gut wie überhaupt keine Stimmen in den Regionen, die bis zum Untergang des Römischen Reiches durch den Limes geschützt gewesen waren. Der deutsche Süden und Westen zahlten einen hohen Preis, als Hitler ab 1939 versuchte, die Ideen preußischer Geopolitik in einem beispiellosen Eroberungs- und Vernichtungsfeldzug umzusetzen.

In James Hawes' Geschichtsschreibung der jungen Bundesrepublik Deutschland ist Bundeskanzler Konrad Adenauer sein Held. Dieser nutzte das Ende des Zweiten Weltkrieges, das nicht nur eine Befreiung von den Nazis, sondern auch von Preußen war, und zog einen klaren Schlussstrich unter das Kapitel der preußischen Dominanz in Deutschland. Die Westbindung war ihm daher wichtiger als die deutsche Einheit. Sein Argwohn gegenüber dem deutschen Osten kommt in seinem Vergleich mit der „asiatischen Steppe" besonders anschaulich zum Ausdruck. Damit wären wir wieder bei der Elbe als historischer Bruchlinie und politischer Wetterscheide innerhalb Deutschlands. Warum ist es so wichtig, diese zwei deutschen Welten realistisch auseinanderzuhalten und die fundamentalen Unterschiede nicht durch Einheitsfantasien zu verwischen? In der Antwort auf diese Frage zeigt sich, wie stark James Hawes von britischen Denktraditionen bestimmt ist. Dass Deutschland in seiner Außenpolitik grundsätzlich eine Alternative zur Westbindung hat, nämlich die Annäherung an Russland, ist keine ganz neue Analyse. Wir finden sie bereits in dem geopolitischen Denken von Sir Halford John Mackinder zu Beginn des 20. Jahrhunderts. Dieser beschwor die Gefahr herauf, dass nicht mehr Großbritannien als Seemacht die Welt beherrschen würde, sondern ein Herzland (*heartland*) auf dem eurasischen Kontinent, das dann, wenn Deutschland und Russland sich zusammentäten, die Weltherrschaft übernehmen könnte. Nun gibt es Unterschiede zwischen dem Deutschland heute und vor 1945. James Hawes geht darauf nicht ein, und wenn ich sie hier anführe, sollen sie keineswegs dessen Warnungen verharmlosen. Das Gebiet des heutigen deutschen Ostens ist allerdings längst nicht mehr so groß wie es vor 1945 einmal war. Zudem ist nicht mehr fraglich, wo Deutschland im Osten endet; seine Grenzen sind vertraglich geregelt. Infolge der Erweiterung von NATO und EU ist der Westen weit nach Osten, teilweise bis an die Grenzen Russlands, vorgedrungen. Wie gut dieses gelungen ist, lässt sich auch an der russischen hybriden Kriegsführung erkennen, die darauf abzielt, sowohl die politische Handlungsfähigkeit von NATO und EU zu untergraben als auch die Attraktivität der westlichen Zivilisation zu verringern. Zwar mussten auch die NATO und die EU erkennen, dass es nicht so einfach ist, dort ihre Werte von Demokratie, Rechtsstaatlichkeit und individueller Freiheit nachhaltig zu verankern. Das preußische Narrativ, es sei Deutschlands „Schicksal“, den europäischen Osten zu ordnen, findet allerdings kaum mehr Resonanz. Stattdessen versucht die deutsche Außen- und Sicherheitspolitik, immer auch die berechtigten Interessen seiner Nachbarn im Osten im Blick zu behalten. Treibt man James Hawes' Argumentation auf die Spitze, so ließe sich sagen, dass Deutschlands Westbindung auf mehrfache Weise stabilisiert wurde: indem das deutsche Staatsgebiet ostwärts der Elbe nach dem Zweiten Weltkrieg verkleinert wurde, indem die Bundesregierung die deutschen Grenzen verbindlich anerkannte und indem nach dem Ende des Kalten Krieges NATO und EU die Staaten im europäischen Osten beim demokratischen Neuanfang unterstützten.

Dennoch sei Deutschland, so James Hawes, heute erneut gefährdet. Die Parteien links und rechts der politischen Mitte, die in den neuen Bundesländern großen Zulauf bekämen, stellten die Westbindung sowie die deutsche Mitgliedschaft in NATO und EU in Frage. Dies ist tatsächlich der Fall. Die kürzlich veröffentlichten verteidigungspolitischen Positionen der AfD beinhalten viele Forderungen, die auf preußische Denktraditionen zurückgeführt werden können, sei es die Einrichtung eines Generalstabs, die Übernahme einer militärischen Führungsrolle in Europa oder auch ihr neues Leitbild des „unerbittlich kämpfenden Soldaten im Gefecht". James Hawes ermahnt uns also, dass der Osten nicht erneut die deutsche Politik bestimmen dürfe. Und er fordert Realismus: „Die Wunschvorstellung von 1990, dass das ehemalige Ostdeutschland bald wie Westdeutschland werde, muss aufgegeben werden. Ostdeutschland wird auf lange Zeit nicht wie Westdeutschland sein, weil es noch nie so war wie dieses." Realistisch müssten auch Deutschlands Verbündete sein. Sie dürften Deutschland nicht überfordern: „Als die Menschen sagten, *Europa* müsse den schwächeren Staaten finanziell aus der Klemme helfen, meinten sie *Deutschland*. Als die USA forderten, *Europa* müsse Russland die Stirn bieten, meinten sie *Deutschland*. Als britische Politiker besondere Zugeständnisse von *Europa* verlangten, meinten sie *Deutschland*."

Kommen wir nun zur Bundeswehr. Die Bundeswehr ist das Resultat der Westbindung der Bundesrepublik Deutschland unter der politischen Führung von Konrad Adenauer. Deren angelaufene Integration in den Westen sollte nicht durch Streitkräfte, in denen der preußische Geist weiterhin herrschte, untergraben werden. Daher forderte bereits eine von Adenauer einberufene Expertenkommission in ihrer Himmeroder Denkschrift von 1950, dass die neuen deutschen Streitkräfte als etwas „grundlegend Neues" aufgebaut werden müssten. Ausdruck dafür ist die Führungsphilosophie der Inneren Führung. Die intellektuelle Vorarbeit dazu hatte Baudissin bereit 1947 in seinen Gedanken über „Ost oder West" als „deutscheuropäische Schicksalsfrage" geleistet. Allerdings war die für erforderlich gehaltene mentale Abkehr von der preußisch-deutschen Militärtradition nicht leicht umzusetzen.

Viele Angehörige der preußischen Elite flohen nach Kriegsende in den Westen. Für sie war der Aufbau der Bundeswehr eine Chance, erneut eine Führungsfunktion in Staat und Gesellschaft wahrzunehmen, in der sie ihre preußischen Einstellungen und Tugenden vorleben konnten. Zudem wurde die Bundeswehr aufgebaut, um einen Angriff der Roten Armee abzuschrecken und, falls die Abschreckung versagte, das deutsche Staatsgebiet zu verteidigen. Machte es daher nicht Sinn, auf das Modell der Wehrmacht und ihre Erfahrungen im Kampf gegen die Rote Armee zurückzugreifen? Noch der erste Traditionserlass der Bundeswehr aus dem Jahre 1965 steckte in diesem Dilemma. Der zweite, unter völlig anderen gesellschaftspolitischen Voraussetzungen im Jahre 1982 herausgegebene Erlass konnte sich vom Schatten der Wehrmacht befreien, nicht zuletzt deshalb, weil die Kriegsgeneration mittlerweile aus der Bundeswehr ausgeschieden war. Der neue Traditionserlass von 2018 stellt noch deutlicher heraus, dass die Wehrmacht für die Bundeswehr als Streitkraft eines demokratischen Rechtsstaates nicht traditionswürdig ist. Allerdings hätten, gerade vor dem Hintergrund der historischen Analyse von James Hawes und seiner politischen Erwartungen an Deutschland, einige Aspekte stärker betont werden müssen: Westbindung und Europa finden nur in Form von „Europahymne und Europafahne als Bekenntnis zur europäischen Verteidigungsidentität" Erwähnung (und dann auch nur als letzter Punkt einer Strichaufzählung).

Die „geistige Rüstung" des neuen deutschen Soldaten sollte diesen vor allem vor der aggressiven kommunistischen Ideologie schützen, aber in gewisser Weise auch vor einem Wiederaufleben des traditionellen preußischen Denkens. Von dieser umfassenden Schutzfunktion der Inneren Führung ist in der gültigen, im Jahre 2008 erschienenen Vorschrift nichts mehr zu spüren. Sie ist weithin eine bloße Menschenführungsfibel. Ihre historische Herleitung lässt die europäischen Traditionswerte, die den Kern des

Handbuchs Innere Führung aus dem Jahr 1957 bildeten, genauso außer Acht wie die Wurzeln der Westbindung, die weit in die Zeit vor dem preußisch dominierten Deutschland zurückreichen.

James Hawes ermahnt uns zudem, auf die innere Lage der Bundeswehr zu schauen und heutige Gefahren für den demokratischen Geist der Soldaten ernst zu nehmen. Überproportional viele Bürger aus den neuen Bundesländern sind in die Armee der Einheit eingetreten. Dies und viele weitere Gründe, die mit der unzureichenden finanziellen Ausstattung der Bundeswehr, ihrer Mangelwirtschaft, aber auch mit ihren Einsätzen und einer wahrgenommenen geringen Wertschätzung des soldatischen Dienstes zu tun haben, dürften dazu beitragen, dass Angehörige der Bundeswehr anfällig sind für Positionen rechts der politischen Mitte. Damit kommt, so könnte James Hawes argumentieren, das „preußische Deutschland" durch die Hintertüre in die Bundeswehr hinein.

Kann die politische und historische Bildung dagegen schützen? James Hawes wäre wahrscheinlich skeptisch. „Selbst zwei Billionen Euro können nicht zusammenführen, was zweitausend Jahre Geschichte auseinandergehalten haben." Zumindest könnte aus seiner Argumentation abgeleitet werden, welchen Schwerpunkt die Bildungsanstrengungen in der Bundeswehr haben müssten: Es muss darum gehen, die Innere Führung als eine Identität vermittelnde Staats- und Meistererzählung neu aufzulegen. Darin sollte Deutschlands Lage im Herzen Europas dargestellt, seine wertegebundene Verankerung im Westen begründet und eine Schaukelpolitik zwischen Ost und West ausgeschlossen werden. Insofern ist dem gültigen Traditionserlass beizupflichten, der als zentralen Bezugspunkt die Tradition der Bundeswehr selbst bestimmt. „Diese Geschichte zu würdigen und ihr Erbe weiterzuentwickeln, ist Aufgabe aller Angehörigen der Bundeswehr. Die Bundeswehr verfügt selbst über einen breiten Fundus, um mit Stolz Tradition zu stiften." In ihrer Traditionspflege sollte die Westbindung allerdings deutlich stärker betont werden.

In den Bemühungen um eine verbesserte politische und historische Bildung darf es nicht nur um die Bundeswehr und ihre Angehörigen gehen. „Etwa 40 Prozent der Wähler in Ostdeutschland außerhalb Berlins unterstützen entweder extreme Rechte, die AfD, die noch extremere Rechte, die NPD, oder die extreme Partei Die Linke. All diese Parteien lärmen gegen EU und NATO." Sie tendierten dazu, „… eher in Moskau einen natürlichen Partner und Seelenverwandten zu erkennen als in Washington oder Paris." James Hawes sieht dies als große Gefahr für Deutschland und Europa. Vor allem Offiziere haben die staatsbürgerliche Verantwortung, das wahre, im Westen verankerte Deutschland und damit auch „das beste Deutschland, das es je gab" (Josef Joffe), im Dialog mit den Bürgern zu vertreten.

Eberhard Frhr. v. Senden, Friedrich Frhr. v. Senden

Der Erste Weltkrieg 1914–1918. Erlebnisse eines jungen Leutnants. Ostfront – Patrouillen an der Spitze im Bewegungskrieg. Westfront – Kämpfen, Durchhalten, Überleben im Stellungskrieg, Berlin 2020

Der Erste Weltkrieg ist lange vorbei. Auch die Gedenkveranstaltungen zum 100. Jahrestag des Kriegsendes im November 2018 können kaum darüber hinwegtäuschen, dass dieser Krieg Geschichte geworden ist und uns innerlich nicht mehr anrührt. Es gibt allerdings Menschen unter uns, für die das anders ist. Dazu gehört Friedrich Freiherr von Senden, Jahrgang 1942, Generalmajor der Bundeswehr a.D. Sein Vater, Eberhard von Senden, diente als junger Offizier während des gesamten Ersten Weltkrieges. Er erlebte und überlebte sowohl den Bewegungskrieg im Osten als auch den Stellungskrieg im Westen. Nach einer zivilen Berufskarriere als Jurist wurde der Reserveoffizier im August 1939 erneut zum Wehrdienst einberufen. Zuletzt nahm er als Bataillonskommandeur an den schweren Abwehrkämpfen im Raum Posen teil. Seit dem 22. Februar 1945 galt er als vermisst. Seinen Sohn Friedrich lernte er kaum kennen. Eberhard von Senden hinterließ ihm allerdings etwas ganz Wichtiges: Seine umfangreichen Tagebücher aus dem Ersten Weltkrieg. Viele Jahrzehnte später hat sein Sohn diese zu einem Buch zusammengefasst und kluge Einleitungen, kurze Erläuterungen und kompakte Lagekarten hinzugefügt.

Auf dem deutschen Büchermarkt gibt es zahlreiche Tagebücher und Erlebnisberichte aus der Zeit des Ersten Weltkriegs. Viele sind in der unmittelbaren Nachkriegszeit veröffentlicht worden. Nicht selten dienten sie dazu, Mythen und Legenden zu konstruieren, um anderen Schuld und Verantwortung aufzubürden. Dies ist bei Eberhard von

Sendens Tagebuchaufzeichnungen ganz anders. Seine Ausführungen sind weder Glorifizierung des kaiserlichen Heeres noch Verklärung seiner eigenen Führungsleistung oder der von höheren Vorgesetzten. Ganz im Gegenteil. Eberhard von Senden hat größten Respekt vor der Opferbereitschaft der russischen Soldaten und der Hartnäckigkeit, mit denen seine britischen Gegner ihre Stellungen verteidigten. Er lobt Vorgesetzte, kritisiert indessen diejenigen, die nur wenig Empathie und Liebe für ihre Soldaten zeigten. Und er ist selbstkritisch, wenn er eigene Entscheidungen als falsch bewertet oder Erfolge auf pures Glück zurückführt. Überhaupt sind seine Darstellungen der Gefechte und ihrer vorbereitenden logistischen Maßnahmen durch außergewöhnlich hohe Sachlichkeit geprägt, was angesichts der Schrecken des Krieges und des persönlichen Leids erstaunt.

Im Kern ist dieses Buch eine ehrliche, authentische Beschreibung der Kriegswirklichkeit in der Truppe, in der die Führungsverantwortung, die junge Offiziere an der Front zu tragen hatten, im Mittelpunkt steht. Die damaligen Geschehnisse sind so anschaulich geschrieben, dass der Leser schnell seine historische Distanz zum Ersten Weltkrieg verliert und eins wird mit dem Verfasser der Tagebuchaufzeichnungen. Besonders hervorheben möchte ich die tiefen Einblicke, die Eberhard von Senden uns in sein taktisches Denken und Handeln gewährt. Er erklärt, warum er sich so und nicht anders entschieden hat, und begründet, warum er dabei mehr oder weniger erfolgreich war. Auf diese Weise veranschaulicht der junge Offizier tradierte deutsche Führungsgrundsätze wie beispielsweise die ‚Auftragstaktik' oder das ‚Führen von vorn'. Nun waren Kavalleristen, deren Aufgabe es ist, den Feind aufzuklären, Informationen zu übermitteln und, wenn nötig, das Gefecht zu suchen, schon immer für Selbständigkeit und Eigeninitiative bekannt. Dies gehört sozusagen zu ihrem beruflichen Selbstverständnis, zu ihrer DNA. Wie weit Handlungsfreiräume, die Eberhard von Senden mit größter innerer Freiheit nutzte, reichten, überrascht dann aber schon. Zweifelsfrei befolgte der junge Offizier die ihm gegebenen Befehle. Entscheidungen, wie er diese umsetzte, traf er jedoch immer selbst. Dabei half ihm sein ausgeprägtes taktisches Verständnis wie auch seine Gabe, im Sinne des Ganzen mitzudenken. Er berücksichtigte nicht nur Auftrag und Lage seines eigenen Verbandes, sondern auch seiner Division und ihrer Nachbarn. Um die taktische Gesamtlage besser zu verstehen, beschaffte er sich selbständig Informationen in den Divisionsstäben, was nicht immer einfach war. Er fand dafür jedoch seinen eigenen Weg, den er folgendermaßen beschreibt: „*Um nicht zu stören und trotzdem dicht beim Generalstabsoffizier sein zu können, begann ich sehr bald, den Generalstabsoffizier zu unterstützen, ihm die Karte zu halten, Meldereiter abzufertigen, Befehle zu schreiben und anderes mehr. Auch befahl ich meinen Meldereitern, die ich mit Nachrichten zu meiner Division (1. Garde-Reserve-Division) schickte, mir von dort die Meldungen über die eigene Lage von einem Offizier des Stabes der Division schriftlich mitzubringen. Darüber war die Division, bei der ich mich gerade befand, sehr erfreut, insbesondere wenn ihre eigenen Verbindungspatrouillen sie mit Nachrichten nur spärlich oder gar nicht bedienten.*“ In heutigen Streitkräften geht der Mega-Trend der Digitalisierung dahin, den Informationsaustausch zu automatisieren. Eberhard von Sendens Erfahrungen sollten uns Mahnung sein, dass es auch im Umgang mit Informationen immer auf den Menschen, sein persönliches Engagement, seine sozialen Kompetenzen und seine taktische Urteilskraft ankommt.

Der Erste Weltkrieg brachte viele militärtechnologische und taktische Innovationen hervor, die erst im Zweiten Weltkrieg vollständig operativ genutzt wurden. Die Bereitschaft, neu zu denken und selbständig innovative Verfahren einzuführen, zeichnete auch die jungen Offiziere aus. Vorschriften oder das in der Friedensausbildung Gelernte waren nicht unantastbar. Was sich im Krieg als nicht zweckmäßig erwies, wurde kreativ weiterentwickelt oder durch neue Einsatzgrundsätze ersetzt. Hierzu gibt Eberhard von Senden uns ein anschauliches Beispiel: *„Im Frieden hatten wir gelernt mit einer Spitze von zwei Mann zu reiten, dann folgten nach Lage die Verbindungsreiter und mit Abstand, den das Gelände vorschrieb, der Patrouillenführer mit der Patrouille und den restlichen Reitern. Sehr bald schon hatte ich das als unpraktisch erfahren müssen und abgestellt. So ritt ich als Führer - außer in ganz wenigen besonders begründeten Einzelfällen - mit den zwei besten Männern meiner Patrouille als Spitze vorn. Die Patrouille selbst wurde von einem Unteroffizier oder einem guten Gefreiten nachgeführt. Gründe: Im Osten hatte nur der Patrouillenführer und manchmal nicht einmal dieser eine Karte. So kam es leicht vor, dass die Spitze sich verritt und erst viel später auf Umwegen zur Patrouille zurückfand. Schickte man dann jedes Mal eine neue Spitze nach vorn, so reichten bald die Soldaten der Patrouille nicht mehr aus. Waren die Spitzenreiter sehr ‚schneidige‘ Soldaten, so ließen sie sich durch jede feindliche Patrouille von ihrem befohlenen Ziel abbringen und neigten dazu, den Kampf auf eigene Faust zu führen. Sie folgten dem Feind mit Ungestüm und die Spitze war weg. Dann gab es auch Männer, die nur sehr zögerlich vorwärts ritten und jede Kuh am Horizont als feindliche Patrouille ansprachen und nicht zügig genug vorankamen. Man musste sie von hinten dauernd drängeln, was aus guten Gründen einem unangenehm war: ‚Hannemann, geh Du voran, du hast die längsten Stiefel an‘. Das mochte ich nicht! Hauptzweck einer Patrouille hat es zu sein, das Auge weit vorn, um das Ganze zu sehen und zu melden. Ungeschicktes Reiten der Spitze kann auch dem Feind die Anwesenheit der Patrouille verraten. Der Feind wird vorsichtig, er zeigt sich nicht mehr, versucht aber oft die Patrouille dann anzugreifen oder in einen Hinterhalt zu locken. Auch werden zurückgesandte Meldereiter abgefangen. Der Hauptzweck der Patrouille ist dadurch infrage gestellt. Damit wird deutlich, dass der wichtigste Posten in einer Patrouille die Spitze ist. Auch kann bei einem überraschenden Zusammenstoß mit dem Feind sofort der Entschluss des Führers in die Tat umgesetzt werden, um auf die Ereignisse angemessen zu reagieren. Auf den schwierigsten Posten*

*gehört deshalb der Führer! Der Führer sollte der tüchtigste, gewand-
teste und klügste seiner Patrouille sein. Er trägt die Gesamtverantwortung, also gehört er auf den verantwortungsvollsten Posten. Es
machte auch auf die Soldaten einen guten Eindruck, wenn sie sahen,
dass der Führer ruhig und entschlossen, zumal in schwierigen Lagen
als erster der Gefahr begegnet.“* Junge Offiziere machten also
den Unterschied. Deshalb erhielten sie von ihren Vorgesetzten Handlungsfreiheit. Wer heute die Klagen junger
Offiziere der Bundeswehr über ihre Ausbildung wie beispielsweise in dem von Marcel Bohnert und Lukas J. Reitstetter herausgegebenen Sammelband „Armee im Aufbruch“ liest, bekommt allerdings den Eindruck, dass ihnen
diese Freiräume für Kreativität und Innovation nicht gewährt werden. Auch hierbei könnten die Tagebücher eine
hilfreiche Korrektur von Fehlentwicklungen sein.
Selbständigkeit zeigte Eberhard von Senden auch im Umgang mit den wandelbaren Erscheinungsformen kriegeri-
scher Auseinandersetzungen. Hautnah erlebte er Krieg als
„wahres Chamäleon“ (Carl von Clausewitz), als sein Ver-
band von der Ostfront in den Westen verlegte. Statt Aufklärung im Bewegungskrieg gegen einen zahlenmäßig hoch
überlegenen, aber taktisch und von der Ausrüstung her
unterlegenen Gegner ging es nun um Angriff und Verteidigung im Stellungskrieg gegen einen gleichwertigen, teilweise sogar technologisch überlegenen Gegner. Plötzlich
hatte Eberhard von Senden es mit Giftgas, Luftangriffen
und Panzern (*Tanks*) zu tun. Zudem kam der für Kavalleristen ungewohnte infanteristische Kampf hinzu. Um die
Wandelbarkeit von Krieg zu beherrschen, spielte die front-
und kriegsnahe Ausbildung eine entscheidende Rolle. Die
neuen, noch unerfahrenen Soldaten mussten genauso aus-
gebildet werden wie die für innovative Angriffs- und Ver-
teidigungstaktiken vorgesehenen Sturmtruppen. Es ist ein
wesentliches Merkmal deutscher Streitkräfte, dass die Verantwortung dafür an die militärischen Führer der unterschiedlichen taktischen Ebenen delegiert wurde und die

Generale dabei die Gesamtverantwortung trugen und helfende Dienstaufsicht ausübten. Auch Eberhard von Senden widmete sich dieser Aufgabe mit größtem Engagement. Es verwundert allerdings, dass im Zweiten Weltkrieg manche Fehler, die Eberhard von Senden bereits 1914 erkannt hatte, wiederholt wurden. Dazu gehört die Annahme, den Feldzug im Osten schnell beenden zu können, weshalb die Truppe nicht über Winterausrüstung verfügte. Gleiches passierte 1941. Die Unterschätzung der Abhärtung und Leidensfähigkeit der russischen Soldaten führte zu gefährlichen taktischen Fehleinschätzungen. Eberhard von Senden beschreibt eine Gefechtssituation, in der russische Soldaten über ein Sumpfgelände, das die Deutschen als nicht passierbar beurteilten und daher nur mit schwachen Kräften sicherten, angriffen, dabei ihre Maschinengewehre auf ausgehängten Türen positionierten, diesen Angriff trotz hoher Verluste nährten und schließlich einen Einbruch erzielten. Ähnliches spielte sich auch im Zweiten Weltkrieg ab, als während der Verteidigungskämpfe in Narva/Estland im Sommer 1944 sowjetische Verbände durch ein versumpftes Gelände angriffen und dabei ihre T-34 Panzer auf Holzstämmen vorrollten. Eberhard von Senden warnte früh davor, den russischen Gegner zu unterschätzen. Seine Tagebücher unterstreichen, wie wichtig Einsatzauswertung ist. Sie darf nicht bloße Geschichte werden, sondern muss die Ausbildung künftiger Soldatengenerationen leiten.

Besonders wertvoll ist dieses Buch, wenn es nicht nur gelesen, sondern damit auch gearbeitet wird. Meine Empfehlung ist, die zahlreichen militärischen Führungsgrundsätze, nach denen Eberhard von Senden geführt hat, auf ihre heutige Relevanz zu prüfen. Dazu könnte ein Zugführer oder Kompaniechef seine Soldaten in Arbeitsgruppen einteilen, ihnen einzelne Kapitel zum Lesen geben und sie beauftragen, die damaligen Führungsgrundsätze herauszudestillieren und sie mit den aktuellen Vorschriften zur

Truppenführung, zur Inneren Führung oder zu den Einsatzgrundsätzen der jeweiligen Truppengattungen zu vergleichen. Dieses Vorgehen entspräche übrigens Carl von Clausewitz' Empfehlung für den Umgang mit Militärgeschichte: Sie diene, so der preußische General, vor allem der Veranschaulichung von Führungsgrundsätzen und kritischen Überprüfung ihrer Gültigkeit. Vielleicht kommen Soldaten dabei auch auf den Gedanken, Eberhard von Senden als tradierungswürdiges Vorbild zu sehen. Denn, darauf weist Friedrich von Senden am Ende seines Buches hin, der neue Traditionserlass bietet die Möglichkeit, auch in der deutschen Militärgeschichte vor 1945 nach geeigneten Vorbildern zu suchen.

Fassen wir zusammen: Friedrich von Sendens Buch ist ein persönliches, mit Herzblut verfasstes Zeugnis, um das soldatische Erbe seines ihm unbekannten Vaters zu pflegen und es für die Nachwelt zu überliefern. Es ist eine authentische Erzählung ohne Mythen und Legenden. Für aktive und ehemalige Soldaten sowie Reservisten ist dieses Buch ein vorzügliches Lehrmittel für ihre taktische Ausbildung und historische Bildung. Und schließlich ist es eine reiche Quelle für die Pflege des Erbes des deutschen Soldaten in der Bundeswehr. Daher kann ich es für die Lektüre und für die intensive Arbeit damit bestens empfehlen.

V   Klassiker

Carl von Clausewitz
Vom Kriege, Bonn [19]1991

„Clausewitz goes global", so lautet der Titel eines von Reiner Pommerin im Auftrag der Clausewitz-Gesellschaft 2011 herausgegebenen Sammelbandes. Darin beschreibt ein international zusammengesetztes Autorenteam, welche Rolle der preußische General und Kriegstheoretiker in ihrem jeweiligen Land spielt. Vielen gilt sein Hauptwerk „Vom Kriege" als eins der wichtigsten Bücher über das Verhältnis von Politik, Gesellschaft und Militär in Kriegszeiten, über die geistigen und charakterlichen Anforderungen an strategische Führer sowie über die Erarbeitung von militärischen Operationsplänen. Bernhard Brodie, ein bekannter US-amerikanischer Stratege des Kalten Krieges, bezeichnete es als „the only great book about war". Auch britische Historiker wie Hew Strachan oder Colin S. Gray nutzen Clausewitz für ihre strategischen Analysen moderner Kriege. Als Deutscher muss man sich schon manchmal selbstkritisch fragen, ob wir Clausewitz in unserem Land genügend wertschätzen und uns ausreichend mit seiner Person und seinem Werk beschäftigen.

Clausewitz' Buch „Vom Kriege" ist sehr umfangreich. Diese kurze Besprechung ermöglicht mir nicht, dessen inhaltliche Weite und intellektuelle Tiefe, geschweige denn Clausewitz' zehn Bände umfassendes Gesamtwerk vorzustellen. Ich beschränke mich daher auf Inhalte, die in der internationalen Clausewitz-Rezeption über Jahrzehnte hinweg kaum beachtet wurden, obwohl Clausewitz selbst deren Wichtigkeit mehrfach betont hatte. Damit meine ich die philosophischen, insbesondere die erkenntnistheoretischen Grundlagen seines Hauptwerkes. Zwar kennt jeder heute Clausewitz' Kernaussage „Der Krieg ist eine bloße

Fortsetzung der Politik mit anderen Mitteln". Wie er jedoch diese Schlussfolgerung herleitete und welche Denkmethoden er dabei benutzte, ist weithin der Vergessenheit anheimgefallen. Auf dieses intellektuelle Defizit sind einige der Probleme, mit denen Streitkräfte heute kämpfen, zurückzuführen.

Der US-amerikanische Historiker Peter Paret wies kürzlich darauf hin, dass kriegsgeschichtliche Studien einen Großteil von Clausewitz' Schriften ausmachen. Kriegstheorie und Militärgeschichte stehen also in einer engen Beziehung zueinander. Clausewitz selbst war kein Historiker, sondern nutzte seine Analysen von vergangenen Feldzügen für die Weiterentwicklung seiner theoretischen Arbeiten über den Krieg. Aus der Geschichte lernen bedeutete für ihn jedoch nicht, „Erfolgsrezepte" von siegreichen Feldzügen herauszudestillieren und anschließend eins zu eins auf die Gegenwart zu übertragen. Im Gegensatz zum Schweizer General Jomini, der davon überzeugt war, dass er in seinen Studien dem Geheimnis der Napoleonischen Kriegführung auf die Spur gekommen war und daher empfahl, seine operativen Grundsätze immer und überall einzuhalten, ging es Clausewitz um die *kritische* Funktion von Geschichte. Sie diente ihm als ein Arsenal von Fallstudien, um seine theoretischen Annahmen über den Krieg einer detaillierten Überprüfung zu unterziehen. Wenn Clausewitz in „Vom Kriege" wesentliche Erkenntnisse und Grundsätze formuliert wie beispielsweise über das asymmetrische Verhältnis von Politik und Militär oder den Vorrang der Defensive gegenüber der Offensive, dann darf der Leser davon ausgehen, dass Clausewitz diese zuvor einer kritischen Überprüfung an der Kriegsgeschichte unterzogen hat. Dennoch dürfe, so Clausewitz, daraus nicht der Schluss gezogen werden, dass diese allgemeingültig seien und die Kriegführung an jedem Ort und für alle Zeit bestimmten. Krieg ist, so hatte Clausewitz früh erkannt, abhängig von den politischen und gesellschaftlichen Rahmenbedingungen der jeweiligen Zeit und Region. Er schrieb: „Halbgebildete Tataren, Republiken der alten Welt, Lehnsherren und Handelsstädte des Mittelalters, Könige des achtzehnten Jahrhunderts: alle führen den Krieg auf ihre Weise, führen ihn anders, mit anderen Mitteln und nach einem anderen Ziel." Krieg ändert sich also, er ist ein „wahres Chamäleon". Weil sein jeweiliges Erscheinungsbild durch die „wunderliche Dreifaltigkeit" von Rationalität, Emotionalität und Zufall bestimmt werde, entwickele sich Krieg ganz oder in Teilen immer neu. Auch Altes könne wieder zum Vorschein kommen. Diese Variabilität von Krieg, so Clausewitz, gehöre zu seiner unveränderlichen Natur. Für uns heute bedeutet dies wiederum, dass Clausewitz' theoretische Erkenntnisse, die zum Zeitpunkt seiner Arbeit an „Vom Kriege" mit dem historischen Forschungsstand übereinstimmten, durch spätere Erscheinungsformen des Krieges durchaus widerlegt werden könnten. Zumindest in Teilen. Dessen war Clausewitz sich sehr bewusst, und daher sah er in der Art und Weise, *wie* er zu seinen Erkenntnissen gekommen ist und nicht in diesen selbst das zeitlich Überdauernde seines Werkes. Hier liegt also das eigentliche Vermächtnis von Clausewitz, von dem er hoffte, dass nachfolgende Offiziersgenerationen davon profitieren könnten.

Was bedeutet das nun konkret? „Vom Kriege" ist sicherlich eine reiche Schatzkiste, deren Inhalte uns zum Weiterdenken anregen; viele seiner Erkenntnisse dürfen auch heute noch Gültigkeit beanspruchen. Sie sind jedoch keine ewiglich gültigen Wahrheiten, sondern fordern uns zum kritischen Weiterdenken auf. Dabei hilft uns Clausewitz. Wer „Vom Kriege" aufmerksam liest, unterzieht sich selbst einem *methodisch* geleiteten Bildungsgang. Die Beschäftigung mit diesem Buch erzieht den Leser dazu, den Krieg mit den dafür angemessenen Methoden zu denken. Dieses methodisch geleitete und an der Rekonstruktion kriegsgeschichtlicher Beispiele geübte Selbstdenken ist das Ent-

scheidende, nicht die Kenntnis möglichst vieler Inhalte seiner Kriegstheorie. Clausewitz unterstreicht diese Absicht mit einem schönen Vergleich: „Daß also nicht jeder von neuem aufzuräumen und sich durchzuarbeiten habe, sondern die Sache geordnet und gelichtet finde, dazu ist die Theorie vorhanden. Sie soll den Geist des künftigen Führers im Kriege erziehen oder vielmehr ihn bei seiner Selbsterziehung leiten, nicht aber ihn auf das Schlachtfeld begleiten; so wie ein weiser Erzieher die Geistesentwicklung eines Jünglings lenkt und erleichtert, ohne ihn darum das ganze Leben hindurch am Gängelbande zu führen.“
In seiner Denkmethode liegt also der wahre Schatz, den Clausewitz an nachfolgende Offiziersgenerationen weitergeben möchte. Diesen Wunsch hatte er selbst mehrfach geäußert. So weist seine Frau Marie in ihrer Vorrede zu „Vom Kriege“ auf den Ehrgeiz ihres Mannes hin, „… ein Buch zu schreiben, was nicht nach zwei oder drei Jahren vergessen wäre, sondern was derjenige, welcher sich für den Gegenstand interessiert, allenfalls mehr als einmal in die Hand nehmen könnte“. Dies ist ihm bestens gelungen, wie der Sammelband „Clausewitz goes global“ eindrucksvoll belegt. Der Grund dafür dürfte allerdings ein anderer sein, als Clausewitz es sich selbst gewünscht hatte. Viele Historiker und Militärs setzen sich primär mit den Inhalten seiner Kriegstheorie auseinander und fragen, welche seiner Erkenntnisse noch heute gültig sind. Diese Fragen entsprechen zweifelsfrei der kritischen Funktion von Geschichtsschreibung und Theoriebildung, und es ist wichtig, darauf Antworten zu finden. Wir müssen jedoch mehr tun, um dem Kern des Clausewitz'schen Vermächtnisses gerecht zu werden. Clausewitz selbst schrieb über sein Werk: „Nicht was wir gedacht haben, halten wir für einen Verdienst um die Theorie, sondern die Art, w i e wir es gedacht haben.“ Es sind also vor allem seine Denkmethoden, die er uns ans Herz legt, mit denen wir uns beschäftigen sollten, damit wir den Krieg besser verstehen und erfolg-

reicher darin handeln können. Denn Clausewitz wusste nur
zu gut, dass seine Erkenntnisse durch den Wandel des
Krieges in der Zeit nach ihm widerlegt werden könnten.
Die Zeiten überdauernd sind allerdings die Methoden, mit
denen er zu seinen Erkenntnissen gelangt ist. Dieser Kern
seiner Kriegstheorie ist in der bisherigen Rezeption von
„Vom Kriege" untergegangen, was vielleicht auch daran
liegt, dass Clausewitz selbst durch die Denkmethoden
seiner Zeit, d.h. durch die deutsche Klassik zu Beginn des
19. Jahrhunderts, beeinflusst wurde und diese heute nicht
mehr so bekannt sind. Dies gilt nicht nur für die vielen
Clausewitz-Interpreten in der englischsprachigen Welt
(Peter Paret ist hier eine große Ausnahme), sondern auch
für die deutschen. Der wohl bekannteste deutsche Clause-
witz-Interpret Werner Hahlweg musste noch bei der Herausgabe der letzten Edition von „Vom Kriege" dessen
philosophischen Hintergrund als Forschungslücke anmah-
nen.

Welche Denkmethoden empfiehlt Clausewitz denen, die
sich mit Krieg und Strategie beschäftigen? Einen mehr als
deutlichen Hinweis darauf gibt er uns gleich am Anfang
von „Vom Kriege". Im ersten Paragraf des ersten Kapitels
im ersten Buches schreibt er: „Wir denken die einzelnen
Elemente unseres Gegenstandes, dann die einzelnen Teile
oder Glieder desselben und zuletzt das Ganze in seinem
inneren Zusammenhange zu betrachten, also vom Einfachen zum Zusammengesetzten vorzuschreiten. Aber es ist
hier mehr als irgendwo nötig, mit einem Blick auf das Wesen des Ganzen anzufangen, weil hier mehr als irgendwo
mit dem Teile auch zugleich immer das Ganze gedacht
werden muss." Der Gedankengang, den Clausewitz dem
Krieg für angemessen hält, wird in der Erkenntnistheorie
als „hermeneutischer Zirkel" bezeichnet. Dieser meint
zunächst eine permanente Denkbewegung zwischen dem
Ganzen (beispielsweise Krieg) und dem Einzelnen (beispielsweise Feldzüge; der Feldherr; der einzelne Soldat). Er

beschreibt sodann das menschliche Verstehen, sei es von Texten oder auch Phänomenen wie dem Krieg. Unser Verstehen geht immer von einem Vorverständnis aus, das durch die Auseinandersetzung mit seinem Gegenstand ein anderes, vielleicht sogar besseres Verstehen wird. Dieses bildet für die erneute Auseinandersetzung mit dem Gegenstand ein neues Vorverständnis. Daher hatte sich Clausewitz gewünscht, dass Leser sein Buch mehr als einmal in die Hand nehmen.

Zu den dem Krieg angemessenen Denkmethoden zählt Clausewitz auch die Empirie, allerdings nicht in Form von Experimenten und auch nicht so sehr als teilnehmende Beobachtung, sondern als kritische Überprüfung an der Kriegsgeschichte. Darauf hatte ich schon hingewiesen. So verstandene Empirie ist für Clausewitz wichtig, damit das verstehende Denken nicht zu einem bloßen Räsonieren wird, bei dem die Schönheit der Sprache oder die Logik des Gedankengebäudes im Vordergrund steht. Theoretische Überlegungen müssten immer mit der Realität konfrontiert werden, damit sie sich durch Widerstandserfahrung weiterentwickeln könnten. Im ersten Kapitel von „Vom Kriege" zeigt uns Clausewitz, wie das geht und welche Erkenntnisse auf diese Weise gewonnen werden. Zunächst geht er rein logisch an das Phänomen des Krieges heran, um zu schlussfolgern, dass Krieg notwendig zum Äußersten eskaliert. Der Blick in die Kriegsgeschichte zeigte ihm (und damit uns), dass dies oftmals nicht der Fall ist. Bei der Suche nach den Ursachen dieser Abweichung von Logik und Realität erkennt er den Einfluss der Politik auf die Kriegsführung. Daraus zieht er die Schlussfolgerung, dass jene ihre „leitende Intelligenz" sei. Heute nennen wir dies den Primat der Politik.

Clausewitz beschäftigte sich intensiv mit der Erkenntnisphilosophie seiner Zeit. Er war bestens vertraut mit den zeitgenössischen Philosophen und Theologen, vor allem mit Immanuel Kant und F.D.E. Schleiermacher. Kant gab eine Antwort auf die erkenntniskritische Frage „Was kann ich wissen?“, und Schleiermacher entwickelte eine Dialektik, deren Gegensätze nicht theoretisch aufgehoben, sondern in der Praxis durch verantwortliches Tun versöhnt werden. Das Studium der Grenzen menschlicher Erkenntnis dürfte Clausewitz auch deshalb interessiert haben, weil er in den vielen Feldzügen, an denen er zwischen 1793 und 1815 in verschiedenen Funktionen teilnahm, die Ungewissheit als wesentliches Charakteristikum von Krieg persönlich erlebt hatte. In „Vom Kriege“ schreibt er dazu: „Der Krieg ist das Gebiet der Ungewissheit; drei Vierteile derjenigen Dinge, worauf das Handeln im Kriege gebaut wird, liegen im Nebel einer mehr oder weniger großen Ungewißheit.“ Dieser *fog of war* liege nicht zuletzt am zweifelhaften Wert von Informationen: „Ein großer Teil der Nachrichten, die man im Kriege bekommt, ist widersprechend, ein noch größerer Teil ist falsch und bei weitem der größte einer ziemlichen Ungewissheit unterworfen.“ Zudem wusste er aus eigener Erfahrung – und seine kriegsgeschichtlichen Studien bestätigen dies –, dass politische und militärische Führer sich kolossal verkalkulieren können. Allzu oft entwickeln sich Kriege ganz anders als geplant, weil Glück und Zufall den Lauf der Dinge beeinflussen. „Es gibt“, so schreibt Clausewitz, „keine menschliche Tätigkeit, welche mit dem Zufall so beständig und so allgemein in Berührung stände als der Krieg. Mit dem Zufall aber nimmt das Ungefähr und mit ihm das Glück einen großen Platz in ihm ein.“ Bei dieser ernüchternden Feststellung über die Planungs- und Kontrollfähigkeiten des Menschen bleibt Clausewitz jedoch nicht stehen. Er weist uns eindringlich auf die Verantwortung aller am Kriegsgeschehen beteiligten Akteure hin und fragt, welche intellektuellen und charakterlichen Fähigkeiten Politiker sowie deren Feldherren mit ihren Armeen haben sollten, um in diesem Wechselspiel bestehen zu können. In den Mittelpunkt stellt er dabei einen „feinen, durchdringenden Verstand", „… um mit dem Takte seines Urteils die Wahrheit herauszufühlen." Hier, in diesen erkenntnistheoretischen Grundannahmen, liegen die geistigen Wurzeln nicht nur für Bildung und Selbsterziehung, sondern auch für eine Führungsphilosophie, die das deutsche Militär seit der Mitte des 19. Jahrhunderts auszeichnet: die Auftragstaktik oder, wie es heute in der Bundeswehr heißt, das „Führen mit Auftrag".

Der Begriff „Führungs*philosophie*" weist uns darauf hin, dass wir den Sinn von Auftragstaktik oder „Führen mit Auftrag" am besten verstehen, wenn uns der *philosophische* Hintergrund dafür bekannt ist. Leider spielt Erkenntnistheorie in den Bildungsgängen zum Offizier oder Stabsoffizier heute kaum eine Rolle. Nun würde Clausewitz nicht ein philosophisches Studium für alle Offiziere fordern. Gleichwohl wäre er enttäuscht zu sehen, dass die erkenntnistheoretischen Bildungsgrundlagen, um den Krieg in der von ihm für nötig erachteten Tiefe zu durchdringen, heute weitgehend nicht mehr gegeben sind. Es kommt leider noch schlimmer. Die wenigen hier getroffenen Aussagen zur Clausewitz'schen Denkmethodik zeigen auf, welche Holzwege viele Armeen dieser Welt beschritten haben: indem sie die Ausbildung ihrer Offiziere auf vorgegebene taktisch-operative Grundsätze beschränken; indem sie Strukturen, militärische Operationen und selbst einzelne Dienstposten immer detaillierter nach Prozessen aufgliedern, um Effizienzgewinne zu erzielen und damit ein ganzheitliches Verständnis von Krieg genauso erschweren wie die Etablierung einer Fehlerkultur oder die effektive Führung des Ganzen; und indem Generale und Admirale zwar einen klaren Auftrag von der Politik verlangen, diesen indessen weitgehend unabhängig von ihrem Auftraggeber durchzuführen trachten.

Damit wären wir bei dem Verhältnis von politischer Leitung und militärischer Führung. Erneut wird Clausewitz' Skepsis gegenüber strategischen Prinzipien und Grundsätzen deutlich, von denen ihre Autoren behaupten, sie seien ewig und überall gültig, wenn er schreibt: „Wir müssen also zuvörderst einräumen, dass das Urteil über einen bevorstehenden Krieg, über das Ziel, welches er haben darf, über die Mittel, welche nötig sind, nur aus dem Gesamtüberblick aller Verhältnisse entstehen kann, in welchem also die individuellesten Züge des Augenblicks mitverflochten sind, und dass dieses Urteil, wie jedes im kriegerischen Leben, niemals rein objektiv sein kann, sondern nach den Geistes- und Gemütseigenschaften der Fürsten, Staatsmänner, Feldherren bestimmt wird, sei es, dass sie in einer Person vereinigt sind oder nicht." Wie der Krieg insgesamt von einer Kombination aus Verstand, Hass und Feindschaft sowie Glück und Zufall bestimmt wird, so sind auch die politischen und militärischen Entscheidungen auf der strategischen Ebene niemals rein rational. Daraus leitet Clausewitz jedoch keine Resignation ab, sondern klare Erwartungen an die Verstandeskräfte *und* den Charakter von Politikern *und* Feldherrn. Beide müssten das Wesen des Krieges klar durchdrungen haben; und beide sollten neben Verstandeskräften auch über Charakterstärke verfügen, d.h. sie dürften sich nicht irre machen lassen von der Flut neuer Informationen und Meinungen. Skeptizismus gegenüber dem Neuen, weniger gründlich Geprüftem, und Vertrauen in sich selbst seien unverzichtbar, um im Krieg bestehen zu können. Helfen könne dabei der nicht zuletzt erkenntnistheoretisch begründete Grundsatz, „… bei allen zweifelhaften Fällen bei seiner ersten Meinung zu beharren und nicht eher zu weichen, bis eine klare Überzeugung dazu zwingt."

Clausewitz fordert also von Politikern *und* Feldherrn Verstandes- *und* Gemütskräfte. Bei beiden müssten diese einen „harmonischen Verein" bilden, „wobei eine oder die andere vorherrschen, aber keine widerstreben…" dürfe. Diese Kombination erleichterte die Erarbeitung von Strategien und deren Umsetzung, die immer von der allgegenwärtigen

Friktion im Kriege in Mitleidenschaft gezogen werde: "So ist denn in der Strategie alles sehr einfach, aber darum nicht auch alles sehr leicht. Ist aus den Verhältnissen des Staates einmal bestimmt, was der Krieg sein soll und was er kann, ist der Weg dazu leicht gefunden; aber diesen Weg unverrückt zu verfolgen, den Plan durchzuführen, nicht durch tausend Veranlassungen tausendmal davon abgebracht zu werden, das erfordert außer einer großen Stärke des Charakters eine große Klarheit und Sicherheit des Geistes; und von tausend Menschen, die ausgezeichnet sein können, der eine durch Geist, der andere durch Scharfsinn, wieder andere durch Kühnheit oder durch Willensstärke, wird vielleicht nicht einer die Eigenschaften in sich vereinigen, die ihn in der Bahn des Feldherrn über die Linie des Mittelmäßigen erheben." Erneut sehen wir hier, wie seine auf erkenntnistheoretischen Annahmen beruhende Analyse des Krieges zu logischen und dabei überaus praxisnahen Schlussfolgerungen für Auswahl und Bildung des Führungspersonals führt. Vor allem bei der Auswahl des Spitzenpersonals sollten wir sehr sorgfältig vorgehen, weil die Anzahl geeigneter Kandidaten eher sehr klein ist.

So wie die Kräfte innerhalb einer Person eine *harmonische* Einheit bilden sollten, so beschreibt Clausewitz auch die Ausgestaltung der zivil-militärischen Beziehungen als eine Aufgabe, bei der es zu Konflikten kommen kann und die daher ein ständiges Bemühen um Ausgleich und Konsens notwendig macht. Wenn die verantwortlichen Politiker und ihre Feldherren unbewusst von unterschiedlichen Kriegsbildern ausgehen und ihre Vorstellungen über einen bestimmten Krieg sich stark unterscheiden, führt diese Disharmonie zu Missverständnissen, Vertrauensverlust und Zerwürfnissen. Daher fordert Clausewitz: „Der erste, der großartigste, der entschiedenste Akt des Urteils nun, welchen der Staatsmann **und** (hervorg.: U.H.) Feldherr ausübt, ist der, dass er den Krieg, welchen er unternimmt, in dieser Beziehung richtig erkenne, ihn nicht für etwas nehme oder zu etwas machen wolle, was er die Natur der Verhältnisse nach nicht sein kann. Dies ist also die erste, umfassendste aller strategischen Fragen...". Die zivil-militärischen Beziehungen müssen also auf der höchsten Entscheidungsebene durch einen vertrauensvollen und (selbst-)kritischen Dialog gekennzeichnet sein. Dieser ist zwar ein „ungleicher", weil die Politiker entscheiden, er bleibt aber ein Dialog, in dem der Feldherr eine Stimme haben muss.

Gerade bei diesem letzten Punkt gibt es im heutigen Deutschland Schwierigkeiten. Dies hängt zum einen mit unserer strategischen Kultur zusammen. Die Bereitschaft zum Einsatz militärischer Gewaltmittel ist im Vergleich zu anderen Staaten kaum vorhanden. Politiker neigen dazu, diese von vornherein auszuschließen, was nicht zuletzt daran liegt, dass deren Akzeptanz in der Bevölkerung ge-ring ist. Eine substanzielle sicherheitspolitische Debatte wird daher seitens der Politik auch gar nicht gewünscht. Sollten dennoch Militäreinsätze erforderlich werden, heißt es unisono, es müsse so wenig Gewalt wie möglich ange-wandt werden. Die militärische Führung in der Bundes-wehr weiß darum und neigt dazu, für die personelle und materielle Ausstattung von Einsatzkontingenten weniger zu fordern als militärisch notwendig wäre. Nicht selten steht das im Vordergrund, was als politisch zumutbar beur-teilt wird. Dabei unterbleibt eine sorgfältige Analyse der Verhältnisse, aus denen der Krieg in der jeweiligen Ein-satzregion geboren wurde. Auch die Reaktionsfähigkeit auf die allgegenwärtige Friktion ist damit begrenzt. Der Ein-satz der Bundewehr in Afghanistan gilt dafür weithin als Negativbeispiel. Der unzureichende „ungleiche Dialog" in der strategischen Führung und die fehlende fachliche Kompetenz in der Zivilgesellschaft tragen letztlich dazu bei, dass Deutschland nur über eine eingeschränkte außen-politische Handlungsfähigkeit verfügt, was sich negativ auch auf seine Rolle in NATO und EU auswirkt. Dabei böte ein an Clausewitz orientiertes strategisches Denken eigentlich einen komparativen Vorteil für unser Land, von dem unsere Bündnispartner profitieren könnten.

Eine Besinnung auf Clausewitz' Kriegstheorie und deren erkenntnistheoretische Grundlagen könnte also helfen, die innen- und außenpolitische Handlungsfähigkeit Deutschlands, vor allem seine Strategiefähigkeit, zu verbessern. Wie das möglich ist und dass Deutschland dies leisten kann, bestätigen die bisher getroffenen Maßnahmen zur Bewältigung der Coronavirus-Pandemie. Clausewitz' Denkmethoden und die geforderten Eigenschaften von Regierung und Bevölkerung kommen hier anschaulich zum Vorschein. Es geht darum, (1) zu verstehen, aus welchen globalpolitischen und -gesellschaftlichen Verhältnissen das Virus und die daraus resultierende Pandemie entstanden sind und den Kampf dagegen in seiner regionalen und zeitlichen Entgrenzung *ganzheitlich* zu betrachten. (2) Mit allen wesentlichen Akteuren ein *gemeinsames* Verständnis der Krise zu erarbeiten und dabei Erkenntnisse aus der Geschichte von Pandemien sowie aktuelle Forschungsergebnisse zu berücksichtigen. (3) In die Ungewissheit hinein zu handeln, sich dabei trotz einer Flut neuer Informationen und Theorien *charakterstark* zu zeigen und erst dann von einer gut durchdachten Entscheidung abzuweichen, wenn eine klare Überzeugung dazu zwingt. (4) Auf Sicht zu fahren, dabei aber trotz Ungewissheit und Ambivalenz *ein inneres Licht* über das Ziel vor Augen zu haben. (5) Auf den kompetenten Bürger, die engagierte Zivilgesellschaft, die kreative Wissenschaft und die innovative Wirtschaft zu *vertrauen* und alle *umfassend* zu informieren und zu beteiligen. (6) Bei aller Rationalität der Entscheidungen immer auch die Emotionalität der Entscheidungsträger genauso wie der Betroffenen zu berücksichtigen. (7) Möglichkeiten, die sich aus Glück und Zufall ergeben, beherzt zu nutzen und Friktion durch Charakterstärke und Reserven zu überwinden.

Da Ungewissheit und Zweideutigkeit sowie Glück und Zufall im Krieg genauso wie in der Bekämpfung einer Pandemie eine so große Rolle spielen, dürfen wir uns nicht darauf verlassen, dass die getroffenen Maßnahmen auch tatsächlich wie gewünscht wirken. Und wir müssen anerkennen, dass Mut zur Verantwortung ein wesentliches Gütekriterium für erfolgreiche Führung ist. Dieser Mut, so Clausewitz, habe zwei Bezugsgrößen: „vor dem Richterstuhl irgendeiner äußeren Macht oder der inneren, nämlich des Gewissens".

Kommen wir zum Schluss noch kurz auf die Bundeswehr zu sprechen. In ihrem Traditionsverständnis spielt Clausewitz eine große Rolle. Die Kaserne, in der die General- und Admiralstabsausbildung beheimatet ist, trägt seinen Namen. Zweifelsfrei sind Lehrende und Lehrgangsteilnehmer seinem Erbe verpflichtet. Dennoch sollten wir immer wieder kritisch über unsere Ausbildungs- und Bildungslandschaft nachdenken. Ich halte es u.a. für notwendig, die strategische Bildung für Offiziere zu verbessern und dazu geeignete Studiengänge an den Universitäten der Bundeswehr einzuführen und akademische Einrichtungen zu schaffen, die mit den *Defense Universities* und *War Colleges* unserer Alliierten vergleichbar sind. Weiterhin sollte wieder mehr Wert auf Truppenführung und deren kriegstheoretische Begründungen gelegt werden. Dazu gehört nicht nur die taktische Weiterbildung nach vorgegebenen Führungsgrundsätzen, sondern auch deren Weiterentwicklung und kritische Überprüfung an der Kriegsgeschichte und an aktuellen Einsatzerfahrungen. Der Aufbau eines Doktrinenzentrums wäre dafür genauso erforderlich wie die Herausgabe einer Fachzeitschrift und die enge Zusammenarbeit mit dem Zentrum für Militärgeschichte und Sozialwissenschaften der Bundeswehr. So entstünden Gesprächskreise, in denen Offiziere ihren Takt des Urteils ausbilden

90

und schärfen könnten. Daraus erwüchse auch das Selbstvertrauen für den ungleichen Dialog mit der Politik und für die sicherheitspolitische Debatte mit der Zivilgesellschaft. Und schließlich würde es uns vielleicht auch gelingen, Deutschland wieder zum Zentrum der Clausewitz-Forschung und -Lehre zu machen.

Sten Nadolny, Jens Sparschuh

Putz- und Flickstunde. Zwei Kalte Krieger erinnern sich, München 2009

Die Schriftsteller Sten Nadolny und Jens Sparschuh hatten, als sie in der sächsischen Schweiz wanderten, eine kuriose Idee. Sie vereinbarten, sich über ihre Dienstzeit in den beiden deutschen Armeen, der Bundeswehr und der Nationalen Volksarmee, auszutauschen und ihre Erinnerungen in einem Buch festzuhalten. Ein solches Vorhaben ist ungewöhnlich, wie beide während ihres Gesprächs später selbst feststellen; denn literarische Werke, die sich ausschließlich mit dem Militärdienst beschäftigen, gibt es nicht. Dass die beiden Schriftsteller ihre Idee tatsächlich in Angriff nahmen, hing sicherlich mit ihrer Neugierde auf gemeinsame und vor allem auf die erwartbaren unterschiedlichen Erfahrungen und Sichtweisen zusammen. Denn Sten Nadolny, der ältere der beiden, leistete seinen Wehrdienst im Westdeutschland der frühen 1960er Jahre. Wie so manche Abiturienten verpflichtete er sich für zwei Jahre und schlug die Laufbahn der Reserveoffiziere ein, um Geld für ein Universitätsstudium zurückzulegen. Jens Sparschuh dagegen studierte erst in Moskau und wurde dann zu Beginn der 1980er Jahre für nur drei Monate in die Nationale Volksarmee der DDR einberufen. Auch wenn rund 20 Jahre dazwischen lagen, so trugen beide in besonders kritischen Phasen des Kalten Krieges die Uniform eines Soldaten: Der Ältere während der Kuba-Krise 1962, der Jüngere während des ausgerufenen Kriegsrechts in Polen 1981. Hier saßen sich also zwei ehemalige „Klassenfeinde", Kalte Krieger eben, gegenüber. Und das versprach viel Spannung bei ihrem Vorhaben, „Unterschiede und Gemeinsamkeiten in unseren Armee-Erlebnissen zu ergründen und ein wenig Rasterfahndung zu probieren."

Ausgangspunkt für diese Idee war ihre Erkenntnis, dass die Armeezeit sie in ihrem Tun und Denken stark beeinflusst hatte. „Das ist merkwürdig:", sagt Sten Nadolny, „zwei Jahre Militär gegen sechs Jahrzehnte Leben und Lernen, und die militärische Vergangenheit wagt es trotzdem, eine wichtige Rolle zu spielen." Mehrfach nutzen beide den Begriff der „Grenzerfahrung", um zu unterstreichen, wie damals entwickelte Beurteilungsmaßstäbe ihr weiteres Leben beeinflussen. So schätzt Jens Sparschuh Menschen danach ein, ob er gerne mit ihnen eine Kasernenstube geteilt hätte. Verwundert über sich selbst fügt er hinzu: „Ist doch eine merkwürdige Spur bis Heute."

Wenn zwei Intellektuelle sich über ihre Militärdienstzeit in dem geteilten Deutschland des Kalten Krieges unterhalten, dann mag man eine schonungslose Kritik erwarten, die von einem hohen Ross moralischer Grundsätze auf das Treiben in der Truppe schaut. Oder ein sicherheitspolitischer Schlagabtausch mit den jeweiligen feindseligen Bedrohungswahrnehmungen. Sten Nadolny und Jens Sparschuh gehen jedoch einen anderen Weg. In ihrem Gespräch versetzen sie sich selbst in ihre damalige Situation: Wie haben sie ihr Soldatsein erlebt? Wo gibt es Trennendes, wo bestehen Gemeinsamkeiten? Für sie ist der Rückblick auf ihre Soldatenzeit eine Selbstreflexion („ein Stück Wahrheit über uns selbst, ganz persönlich"). Beide teilen dabei eine grundsätzliche Bewertung: Eigentlich sei ihr Wehrdienst eine „vertane Zeit" gewesen. Sie spüren allerdings eine gewisse Widerstandserfahrung, eine selbstkritische Frage: Haben sie als Soldat nicht doch Wichtiges gelernt? Diesem wollen beide auf die Spur kommen, und das macht ihr Gespräch für uns heute so wertvoll.

Fangen wir mit den Gemeinsamkeiten an. Beide Gesprächspartner erkennen „anthropologische Konstanten", die über das Ost-West-Spannungsverhältnis hinaus alle Armeen der Welt prägen: Sie seien uniformiert, viele Menschen lebten auf engem Raum zusammen, ruhige Putz-

und Flickstunden wechselten mit Phasen hoher Konzentration wie bei der Formalausbildung und großer körperlicher Anstrengung wie beim Gefechtsdienst ab. Die Normenfalle und das daraus resultierende „… ständig in Sorge (sein), etwas falsch zu machen und dafür bestraft zu werden", sei genauso allgegenwärtig wie der enervierende Wechsel von Warten und Hyperaktionismus. In allen Armeen gebe es den Typ des Unteroffiziers Himmelstoß aus Carl Maria Remarques Antikriegsroman „Im Westen nichts Neues", der zu schikanöser Ausbildung neigt und sich für kleinste Widerstandsregungen bei seinen Soldaten mit größtem Einfallsreichtum rächt. Überhaupt sei Militärdienst das „Ende des geistigen Lebens", weshalb es auch kein Wunder wäre, dass sich Soldaten den Ernstfall kaum vorstellen könnten und der Gegner, statt ihn als Menschen zu sehen oder ihm in seine Vorstellungswelt zu folgen, als bloßes Phantom der eigenen Faszination an Gewalt und Waffen anheimfällt.

Wie unterschiedlich Bundeswehr und Nationale Volksarmee trotz dieser anthropologischen Konstanten dann doch waren, arbeiten die beiden Gesprächspartner sehr anschaulich heraus. Fangen wir mit den Einstellungen zum Wehrdienst an. Sten Nadolny war davon überzeugt, dass die Demokratie verteidigt werden musste. Er stand voll hinter der Inneren Führung und ihrem Anspruch, die Bundeswehr als etwas grundsätzlich Anderes als die Wehrmacht aufzubauen. Gesetzlich festgeschriebene Rechte und Pflichten, die Möglichkeit der Beschwerde, das freie Sprechen und der Ausgang in zivil, das waren positive Rahmenbedingungen für den soldatischen Dienst in der Bundeswehr. Schikane gab es, aber eher selten. Ganz anders erinnert sich Jens Sparschuh. Er vergleicht die DDR mit einem Gefängnis, in dem die Nationale Volksarmee gewissermaßen einen „Hochsicherheitstrakt" bildete. Soldaten machten die existentielle Erfahrung des Ausgeliefertseins. Im täglichen Dienst zeigte sich der sozialistische Staat als strafender Staat, der es Vorgesetzten erlaubte, Willkür und Schikane nach eigenem Gutdünken auszuüben. Soldaten blickten daher in einen „Abgrund an Niedertracht und Irrsinn".

Daraus resultierten wichtige Unterschiede in der Wehrmotivation. Während Sten Nadolny nicht zuletzt aus diesem Grunde die Bundesrepublik Deutschland für verteidigungswert hielt und anerkannte, dass angesichts der weit verbreiteten Ohne-mich-Stimmung beim Aufbau der Bundeswehr viel Wert auf einen neuen, demokratischen Geist in der Truppe gelegt wurde, entwickelte sich bei Jens Sparschuh eine anti-militaristische Einstellung, die ihren Ursprung in der paramilitärischen Ausbildung und sozialistischen Wehrerziehung und damit vor dem eigentlichen Wehrdienst hatte. Er resümiert, dass die Dienstzeit in der Nationalen Volksarmee „wie alter Kommiss" gewesen sei, also genau das Gegenteil von dem, was Sten Nadolny für die Bundeswehr feststellte, die sich von der Wehrmacht abgrenzen wollte. Dass ein Neuanfang notwendig sei, dieses Bewusstsein habe es in der ostdeutschen Armee nicht gegeben. Denn diese stand auf der Seite der Sieger, also der Sowjetunion. Dabei tauschen die beiden „kalten Krieger" ein interessantes Detail aus: Während die Bundeswehr den Anschluss an die preußischen Heeresreformen unter Gerhard von Scharnhorst herstellte, um ihren Reformcharakter zu unterstreichen, suchte die Nationale Volksarmee die Verbindung zum preußischen, 1813 gemeinsam mit Russland errungenen Sieg über Napoleon. Der alte Wehrmachtsgeist konnte sich daher ungehindert in der ostdeutschen Armee ausbreiten; dagegen schützten weder die sozialistische Anrede mit „Genosse" noch die mahnenden Worte „Kameraden sind in Stalingrad geblieben".

Dies bedeutet nun nicht, dass in der Bundeswehr alles bestens war. Die Innere Führung, die Anfang der 1960er Jahre aus ihren konzeptionellen Kinderschuhen herausgewachsen war und sich im Truppenalltag bewähren musste,

bewertet Sten Nadolny als „gut durchdacht", aber nicht praxisnah. Sie sei zu einem „Runterleiern von Sprüchen" verkommen, weil Offiziere und Unteroffiziere nicht genügend gebildet gewesen seien, um deren geistigen Gehalt zu erfassen, geschweige denn ihren Soldaten zu vermitteln. „Es war ein sehr ehrenwerter Notenschlüssel für eine neue Armee. Nur gab es zu viele Leute, die damit überfordert waren." Diese Kritik war damals nicht nur innerhalb der Bundeswehr weit verbreitet. Sie hinterließ so tiefe Spuren, dass Sten Nadolny sich noch vier Jahrzehnte später an diese Kluft zwischen Anspruch und Wirklichkeit erinnern konnte. Ähnlich war es in der Nationalen Volksarmee. Ihr Gegenstück zu den Vorschriften zur Inneren Führung war das Buch „Vom Sinn des Soldatseins", das indessen kaum gelesen wurde. Es gab aber deutliche Unterschiede: Kleinste Kritik wurde, wie Jens Sparschuh in seinem essayistischen Einschub beschreibt, als Kritik am System verstanden. Auch die „Rotlichtbestrahlung" war, so der Autor, wirkungslos verpufft, weil die Unterschiede zwischen sozialistischer Ideologie und Kasernenleben einfach zu krass waren. Wer verteidigt schon heldenhaft sein Gefängnis?
Was können wir heute aus dem Gespräch der beiden Schriftsteller mitnehmen, außer dass die Lektüre zweifelsfrei eine gute Unterhaltung ist? Zunächst einmal bestätigt das Buch ein bekanntes Phänomen: Den Wehrdienst bewerten viele Grundwehrdienst Leistende als bloße Zeitverschwendung. Rund zehn Jahre später verändert sich diese Bewertung ins Positive. Bei Sten Nadolny und Jens Sparschuh liegt ihre Wehrdienstzeit nun schon mehrere Jahrzehnte zurück. In ihrer Rückschau heben sie etwas hervor, was vielleicht gerade in unseren krisenhaften Zeiten so wichtig ist und für die Zukunft noch wichtiger werden könnte: Es ist die Tugend der Selbstdisziplin, dass man sich selbst „Weitermachen" befehlen kann, dass „... man sich und sei es per Befehl an seinen eigenen Haaren aus dem Sumpf ziehen kann, das ist doch die größte Freiheit,

die man haben kann, oder?" Dass die Soldaten in beiden Armeen diese Tugenden entwickelten, hätte, so die „kalten Krieger", mit ihren Grenzerfahrungen zu tun. Als Soldat, das zeigten die Krisen 1962 und 1981, würde man direkt mit den Pannen und Fehlern staatlichen Handelns konfrontiert. Man sei nicht mehr in der Rolle des Betrachters eines Fernsehfilms, der das Programm nach Belieben umschalten könne, sondern man sei mitten drin und direkt betroffen. Vor diesem Hintergrund verwundert es ein wenig, dass die Beiden nicht die Bedeutung dieser Tugenden für eine offene und gleichzeitig resiliente Gesellschaft betonen und jungen Menschen empfehlen, den Wehrdienst abzuleisten. Sie sprechen sich auch nicht für die Beibehaltung der Allgemeinen Wehrpflicht aus. Diese wurde dann gut ein Jahr nach Veröffentlichung des Gesprächs ohne größere politische und öffentliche Gegenwehr abgeschafft.

Besonders wertvoll für uns heute dürfte die Diskussion der Wehrmotivation sein. Klarer Sieg für die Innere Führung im innerdeutschen Vergleich, so könnte man das Ergebnis wohl zusammenfassen. Deren Kernaussage „Das, was man verteidigen soll, muss der Soldat auch in seinem Dienst erleben" ist genauso richtig und wichtig wie die weitestmögliche Gewährung seiner staatsbürgerlichen Rechte. Gleichzeitig fordert Sten Nadolnys Kritik an der Praxis der Inneren Führung uns auf, nach Verbesserungen zu suchen. Zurecht weist er auf die Defizite von Innerer Führung als „Erlebnistherapie" hin: Es gab zwar Erlebnisse, aber keine Therapie. Es fehlten also die Vorgesetzten, die die oftmals besonderen, prägenden Erlebnisse der Soldaten aufarbeiten und so für deren Selbstverständnis fruchtbar machen konnten. Das „Runterleiern von Sprüchen" reicht dafür nicht aus.

Rund zehn Jahre nach Sten Nadolnys Ausscheiden aus der Bundeswehr gründete der damalige Verteidigungsminister und spätere Bundeskanzler Helmut Schmidt die Hochschulen der Bundeswehr in Hamburg und München. Neben einem zivilberuflichen Fachstudium sollten beide Universitäten den Studierenden auch eine berufsbezogene allgemeine Bildung ermöglichen, um die Rolle des Soldaten in Politik und Gesellschaft umfassend zu verstehen und die Praxis der Inneren Führung in der Truppe zu verbessern. Heute stehen wir vor einer ähnlichen Problemlage, die aufgrund des um sich greifenden Populismus und der Radikalisierung über das Internet noch weitaus gefährlicher ist. Wer die Praxis der Inneren Führung verbessern will, muss auf jeden Fall in die allgemeine Bildung der Vorgesetzten investieren. Ein Fachstudium des Maschinenbaus oder eine militärfachliche Ausbildung als Infanteriezugführer reichen dafür nicht aus.

Mit dem Wehrdienst beginne das „Ende des geistigen Lebens", so beklagen die beiden Schriftsteller unisono. Diese Bewertung sollte nicht leichtfertig als erwartbare Intellektuellenkritik abgetan werden. Denn sie setzen sich nicht in reiner Intellektuellenmanier von einer hohen moralischen Warte aus mit der Existenz von Streitkräften auseinander, sondern sie tauchen tief in ihre persönlichen Erinnerungen an die damalige Führungskultur und die allgemeinen Rahmenbedingungen ihres soldatischen Dienstes ein. Sie fragen danach, wie diese sich auf die Persönlichkeit des Soldaten und seine Wehrmotivation ausgewirkt haben. Damit berühren sie, ohne dass ihnen dies wahrscheinlich bewusst ist, das Herzstück der Inneren Führung, die soldatische Erziehung. Noch heute gibt es eine große Verwirrung darüber, was damit eigentlich gemeint ist. Es gab sogar Phasen in der Bundeswehrgeschichte, in der soldatische Erziehung in Gänze abgelehnt wurde, weil die Soldaten ja bereits erwachsen seien. Soldatische Erziehung meint, dass Vorgesetzte den Dienst so gestalten, dass sich dieser förderlich auf die Persönlichkeitsentwicklung des Soldaten auswirkt. Deshalb ist der Erziehungsauftrag auch an den Dienstgrad und nicht etwa an das Lebensalter gebunden.

Denn dieser verleiht Vorgesetzten abgestufte Machtbefugnisse, damit sie den Dienst so gestalten können, dass Erziehungsziele indirekt erreicht werden. Wie enorm diese Macht ist, hat Sten Nadolny selbst als Gruppen- und Zugführer erlebt und darüber einen in der Wochenzeitung „Die Zeit" veröffentlichten Text geschrieben. Er macht darin viele kluge Beobachtungen, die allerdings auch offenbaren, dass er dieses Herzstück der Inneren Führung selbst nicht richtig erfasst hatte. So ist es auch kein Wunder, dass er Dinge, die er selbst als sinnlos empfindet, später als Vorgesetzter nicht ändern kann. Woran lag das? Sten Nadolny gibt uns den entscheidenden Hinweis: Es fehlte ein kritischer Diskurs. Weder in das Kriegsbild noch in das Wesen der Demokratie sei tiefer eingedrungen worden. Es dominierte „… ein fast ideologisch anmutendes Gebilde aus demokratischen Phrasen, die man anhört und benutzt, ohne sie zu prüfen", schreibt der junge Sten Nadolny unmittelbar nach dem Ende seiner Dienstzeit. Dabei hätte es genügend Ressourcen und Gelegenheiten gegeben. So schildert er uns, wie überrascht er war, Offiziere beim Lesen zu sehen. Gespräche mit ihnen waren so anregend, dass er, so gibt Sten Nadolny unumwunden zu, daraufhin seinen Berufswunsch veränderte (Studium der Geschichte statt der Betriebswirtschaft). Solche Offiziere traf er allerdings nicht in der von Hektik geprägten Truppe, sondern fernab davon in den ruhigen Bibliotheken der Offizierschulen. Auch Jens Sparschub erlebte, als er einmal in einem Offiziersheim untergebracht war, eine andere, unerwartete Welt mit „… lauter aufgeräumte(n), verständige(n) Menschen". Daher ist die Initiative des ehemaligen Inspekteurs des Heeres, Generalleutnant Jörg Vollmer, eine Leseliste mit ausgewählten Büchern zu erstellen und diese mit Nachdruck für die Lektüre zu empfehlen, so wichtig, um die Lebenswelten von Truppe und Offizierschulen anzunähern. Es kommt darauf an, das Lesen aus den Sphären der Abgeschiedenheit herauszuholen und zu einem elementaren Bestandteil der allgemeinen Führungskultur zu machen. Die Gelegenheiten zum verständigen Gespräch dürfen durch die Dienstgestaltung nicht verloren gehen. Dies ist eine zentrale Botschaft der beiden Autoren. In diesem Jahr feiert die „Armee der Einheit" ihr dreißigjähriges Bestehen. Ihr Aufbau erfolgte relativ geräuschlos, wozu sicherlich die bereits angeführten anthropologischen Konstanten beigetragen haben dürften. Vielleicht hing es auch damit zusammen, dass die Nationale Volksarmee trotz aller Rotlichtbestrahlung keine „ideologische Armee" war. Sicherlich, sie war eine Parteiarmee und der SED loyal ergeben. Aber drang das in Herz und Verstand der Soldaten ein? Und als die Bundeswehr ihre Innere Führung vernachlässigte und sich technologisch und bürokratisch perfektionierte, entstand nicht auch in ihr ein Klima, in dem eher traditionelle soldatische Tugenden dominierten und Demokratie, Recht und Freiheit eine nur untergeordnete Rolle spielten? Wurde die Vereinigung nicht dadurch erleichtert, dass beide Armeen – wenn auch in anderer Weise und in unterschiedlichem Maße – „ideologiefrei" waren? Liegen hier nicht auch die Ursachen für die heutige Verführbarkeit von Soldaten durch Populisten und Rechtsextreme?

Fassen wir zusammen: Sten Nadolny und Jens Sparschuh liefern uns geistreiche Unterhaltung. Sie dürfte bei vielen Älteren Erinnerungen an schöne Erlebnisse wecken. Beide Autoren weisen uns übereinstimmend darauf hin, wie wichtig es ist, dass Führungsphilosophien mit der Realität des militärischen Dienstes, wie Soldaten ihn erleben, übereinstimmen. Nur so entsteht Wehrmotivation gegen einen äußeren Gegner und gleichzeitig auch Widerstandskraft gegen politischen Extremismus im eigenen Lande. Das Gespräch der „kalten Krieger" veranschaulicht einmal mehr, wie Intellektuelle uns dabei helfen können, die Kluft zwischen Anspruch und Wirklichkeit in der Führungskultur der Bundeswehr zu erkennen. Noch hilfreicher wäre es allerdings gewesen, wenn beide Schriftsteller auch auf die Lage der Bundeswehr heute eingegangen wären. Leider haben sie dies nicht getan, was einmal mehr unsere Diagnose bestätigt, dass es in Deutschland keine nennenswerte gesellschaftliche und intellektuelle Debatte über Sicherheits- und Verteidigungspolitik gibt.

Dank

Dieses Buch ist während der Corona-Pandemie in den Vereinigten Staaten entstanden. Der allgemeine Lockdown führte dazu, dass ich nicht nur die Vorgaben des *social distancing* einhalten, sondern auch meine Seminare an der Naval Postgraduate School (NPS) in Monterey in Form des *distant teaching* durchführen musste. Ich bin der NPS sehr dankbar, dass sie allen Professoren schnell und unkompliziert die technischen Möglichkeiten dafür zur Verfügung stellte und uns in die Programme einführte. Meine Studenten haben es mir sehr leicht gemacht, meine Seminare in der von mir bevorzugten interaktiven Weise durchzuführen. Unter diesen Rahmenbedingungen hatte ich mehr Zeit zur Verfügung als in „normalen Zeiten" und diese habe ich für dieses Buch genutzt.

Mein Dank geht zunächst an Oberst Reinhold Janke vom Zentrum Innere Führung und an Major Dominik Wille, der in den letzten zwei Jahren Operations Research an der NPS studierte. Für ihre hilfreichen Kommentare und Verbesserungen des Textes bin ich sehr dankbar.

Meiner Frau Carola Hartmann danke ich, dass sie mit Argusaugen Tippfehler gefunden und mich immer wieder aufgefordert hat, meine Gedanken klarer und verständlicher zu formulieren.

Mein Sohn Julian, ein Angehöriger der Generation Y, zeigte mir in seinen Kommentaren zu diesem Buch auf, wie selbstverständlich für ihn die Demokratie ist und wie sehr er deren Stärken gerade auch bei der Bewältigung von Krisen vertraut.

Schriften von Uwe Hartmann im
Carola Hartmann Miles-Verlag

Uwe Hartmann, *Innere Führung. Erfolge und Defizite der Führungsphilosophie für die Bundeswehr,* Berlin 2007.

Uwe Hartmann, *War without Fighting? The Reintegration of Former Combatants in Afghanistan seen through the Lens of Strategic Thought,* Berlin 2014.

Uwe Hartmann (Hrsg.), *Lernen von Afghanistan. Innovative Mittel und Wege für Auslandseinsätze,* Berlin 2015.

Uwe Hartmann, *Hybrider Krieg als neue Bedrohung von Freiheit und Frieden. Zur Relevanz der Inneren Führung in Politik, Gesellschaft und Streitkräften,* Berlin 2015.

Uwe Hartmann (Hrsg.), *NATO's Adaptation. Challenges and Opportunities,* Berlin 2017.

Uwe Hartmann, *Der gute Soldat. Politische Kultur und soldatisches Selbstverständnis heute,* Berlin 2018.

Donald Abenheim, Uwe Hartmann (Hrsg.), *Tradition in der Bundeswehr. Zum Erbe des deutschen Soldaten und zur Umsetzung des neuen Traditionserlasses,* Berlin 2018.

Donald Abenheim, Uwe Hartmann, *Einführung in die Tradition der Bundeswehr. Das soldatische Erbe in dem besten Deutschland, das es je gab,* Berlin 2019.

Seit 2009 ist Uwe Hartmann Mitherausgeber des Jahrbuchs Innere Führung. Zuletzt erschienen:

Uwe Hartmann, Claus von Rosen (Hrsg.), *Jahrbuch Innere Führung 2019. Bundeswehr im Aufbruch. Hindernisse von den verteidigungspolitischen Vorstellungen der AFD bis zu den sicherheitspolitischen Meinungen in der Zivilgesellschaft,* Berlin 2019.

Carola Hartmann Miles-Verlag

Militär und Gesellschaft

Hans-Christian Beck, Christian Singer (Hrsg.), *Entscheiden – Führen – Verantworten. Soldatsein im 21. Jahrhundert,* Berlin 2011.

Wolf Graf von Baudissin, *Grundwert Frieden in Politik – Strategie – Führung von Streitkräften,* hrsg. von Claus von Rosen, Berlin 2014.

Marcel Bohnert, Lukas J. Reitstetter (Hrsg.), *Armee im Aufbruch. Zur Gedankenwelt junger Offiziere in den Kampftruppen der Bundeswehr,* Berlin 2014.

Phil C. Langer, Gerhard Kümmel (Hrsg.), *„Wir sind Bundeswehr." Wie viel Vielfalt benötigen/vertragen die Streitkräfte?,* Berlin 2015.

Eberhard Birk, Peter Andreas Popp (Hrsg.), *Luftwaffenoffizier 21. Das Selbstverständnis des Luftwaffenoffiziers zu Beginn des 21. Jahrhunderts, (aus der Reihe Schriften zur Geschichte der Deutschen Luftwaffe, Band 5),* Berlin 2016.

Alois Bach, Walter Sauer (Hrsg.), *Schützen. Retten. Kämpfen. Dienen für Deutschland,* Berlin 2016.

Marcel Bohnert, Björn Schreiber (Hrsg.), *Die unsichtbaren Veteranen. Kriegsheimkehrer in der deutschen Gesellschaft,* Berlin 2016.

Angelika Dörfler-Dierken (Hrsg.), *Hinschauen! Geschlecht, Rechtspopulismus, Rituale: Systemische Probleme oder individuelles Fehlverhalten?,* Berlin 2019.

Schriften zur Tradition

Eberhard Birk, Winfried Heinemann, Sven Lange (Hrsg.), *Tradition für die Bundeswehr. Neue Aspekte einer alten Debatte,* Berlin 2012.

Donald Abenheim, Uwe Hartmann (Hrsg.), *Tradition in der Bundeswehr. Zum Erbe des deutschen Soldaten und zur Umsetzung des neuen Traditionserlasses,* Berlin 2018.

Joachim Welz, *Vom Kontingentsheer zum Reichsheer: Militärkonventionen als Motor der Wehrverfassung,* Berlin 2018.

Donald Abenheim, Uwe Hartmann, *Einführung in die Tradition der Bundeswehr. Das soldatische Erbe in dem besten Deutschland, das es je gab,* Berlin 2019.

Eberhard Birk, Heiner Möllers (Hrsg.), *Die Luftwaffe und ihre Traditionen (aus der Reihe Schriften zur Geschichte der Deutschen Luftwaffe, Band 10),* Berlin 2019.

Hans-Günter Behrendt (Hrsg.): *Erinnerungsorte der Bundeswehr – Personen, Ereignisse und Institutionen der soldatischen Traditionspflege,* Berlin 2020.

Erinnerungen

Blue Braun, *Erinnerungen an die Marine 1956–1996,* Berlin 2012.

Klaus Grot, *So war's, damals. Dienstchronik eines Pionieroffiziers im Kalten Krieg 1954–1991,* Berlin 2014.

Gustav Lünenborg, *Bürger und Soldat. Innere Führung hautnah 1956–1993, 1993–2015,* Berlin 2015.

Adolf Brüggemann, *Als Offizier der Bundeswehr im Auswärtigen Dienst. Meine Erinnerungen als Militärattaché in Seoul (Republik Korea) 1978–83 und in Prag (Tschechoslowakei/Tschechien) 1988–1993,* Berlin 2015.

Rainer Buske, *Eine Reise ins Innere der Bundeswehr. Wundersame Geschichten aus einer anderen Welt,* Berlin 2016.

Heinz Laube, *Duell am Himmel,* Berlin 2016.

Viktor Toyka, *Dienst in Zeiten des Wandels. Erinnerungen aus 40 Jahren Dienst als Marineoffizier 1966-2000,* Berlin 2017.

Hans-Eckhard Tribess (Hrsg.), *Im Leben unterwegs – für den Frieden. Festschrift für Wolfgang Altenburg zum 90. Geburtstag am 22. Juni 2018,* Berlin 2019.

Kurt Graf v. Schweinitz, *Notizen im Transit von Krieg und Frieden,* Berlin 2020.

Militärgeschichte

Eberhard Kliem, Kathrin Orth, *"Wir wurden wie blödsinnig vom Feind beschossen". Menschen und Schiffe in der Skagerrakschlacht 1916,* Berlin 2016.

Hans Frank, Norbert Rath, *Kommodore Rudolf Petersen. Führer der Schnellboote 1942–1945. Ein Leben in Licht und Schatten unteilbarer Verantwortung,* Berlin 2016.

Eckhard Lisec, *Der Völkermord an den Armeniern im 1. Weltkrieg – Deutsche Offiziere beteiligt?,* Berlin 2017.

Ingo Pfeiffer, *Heinz Neukirchen. Marinekarriere an wechselnden Fronten,* Berlin 2017.

Joachim Welz, *Erfolgsstory oder Trauma – die Übernahme von Armeen. Lehren aus der Übernahme des österreichischen Bundesheeres in die Wehrmacht 1938 und der Reste der NVA in die Bundeswehr 1990,* Berlin 2018.

Joachim Hoppe, Manfred Wilde (Hrsg.), *Die Unteroffizierschule des Heeres, Die militärische Meisterschule,* Berlin 2016.

Georg Neuhaus, *Am Anfang war ein Speer. Eine Chronographie der Kriegs- und Militärtechnologien,* Berlin 2018.

Hans-Werner Ahrens, *Die Transportflieger der Luftwaffe 1956 bis 197. Konzeption – Aufbau – Einsatz, (Reihe Schriften zur Geschichte der Deutschen Luftwaffe, Band 8),* Berlin 2019.

Jobst Reller, *Die Anfänge der evangelischen Militärseelsorge,* Berlin 2019.

Eberhard Frhr. v. Senden, Friedrich Frhr. v. Senden, *Der Erste Weltkrieg 1914–1918. Erlebnisse eines jungen Leutnants,* Berlin 2020

Einsatzerfahrungen

Artur Schwitalla, *Afghanistan, jetzt weiß ich erst… Gedanken aus meiner Zeit als Kommandeur des Provincial Reconstruction Team FEYZABAD*, Berlin 2010.

Rainer Buske, *KUNDUZ. Ein Erlebnisbericht über einen militärischen Einsatz der Bundeswehr in AFGHANISTAN im Jahre 2008*, Berlin ²2016.

Jahrbuch Innere Führung (seit 2009)

Uwe Hartmann, Claus von Rosen (Hrsg.), *Jahrbuch Innere Führung 2017. Die Wiederkehr der Verteidigung in Europa und die Zukunft der Bundeswehr*, Berlin 2017.

Uwe Hartmann, Claus von Rosen (Hrsg.), *Jahrbuch Innere Führung 2018. Innere Führung zwischen Aufbruch, Abbau und Abschaffung: Neues denken, Mitgestaltung fördern, Alternativen wagen*, Berlin 2018.

Uwe Hartmann, Claus von Rosen (Hrsg.), *Jahrbuch Innere Führung 2019. Bundeswehr im Aufbruch. Hindernisse von den verteidigungspolitischen Vorstellungen der AFD bis zu den sicherheitspolitischen Meinungen in der Zivilgesellschaft*, Berlin 2019.

Standpunkte und Orientierungen

Daniel Giese, *Militärische Führung im Internetzeitalter*, Berlin 2014.

Dirk Freudenberg, *Auftragstaktik und Innere Führung. Feststellungen und Anmerkungen zur Frage nach Bedeutung und Verhältnis des inneren Gefüges und der Auftragstaktik unter den Bedingungen des Einsatzes der Deutschen Bundeswehr*, Berlin 2014.

Hartwig von Schubert, *Integrative Militärethik. Ethische Urteilsbildung in der militärischen Führung*, Berlin 2015.

Uwe Hartmann, *Hybrider Krieg als neue Bedrohung von Freiheit und Frieden. Zur Relevanz der Inneren Führung in Politik, Gesellschaft und Streitkräften,* Berlin 2015.

Klaus Beckmann, *Treue.Bürgermut.Ungehorsam. Anstöße zur Führungskultur und zum beruflichen Selbstverständnis in der Bundeswehr,* Berlin 2015.

Florian Beerenkämper, Marcel Bohnert, Anja Buresch, Sandra Matuszewski, *Der innerafghanische Friedens- und Aussöhnungsprozess,* Berlin 2016.

Martin Sebaldt, *Nicht abwehrbereit. Die Kardinalprobleme der deutschen Streitkräfte, der Offenbarungseid des Weißbuchs und die Wege aus der Gefahr,* Berlin 2017.

Christian J. Grothaus, *Der „hybride Krieg" vor dem Hintergrund der kollektiven Gedächtnisse Estlands, Lettlands und Litauens,* Berlin 2017.

Uwe Hartmann, *Der gute Soldat. Politische Kultur und soldatisches Selbstverständnis heute,* Berlin 2018.

Christian Bauer, Marcel Bohnert, Jan Pahl, *Vitalis Innere Führung! Zum Status Quo der Führungskultur in den deutschen Streitkräften,* Berlin 2018.

Helmut Jermer, *Innere Führung kompakt. Eine Zusammenschau als Lehr- und Lernhilfe,* Berlin 2019.

www.miles-verlag.jimdo.com